妙蓮華開的生活

胡順萍 著

自　序

　　依《妙法蓮華經》（簡稱《法華經》）的內容行文觀之，經中沒有奧義名相的敷陳，也沒有深微而令人難解的義理，全經多以譬喻、象徵為主，恍如是一部故事書，藉由不同的情節而串連成渾然統一的主旨義理。相較於佛教各宗的重要經論，《法華經》可謂偏向是文學作品，而非是哲學作品。然天台宗智顗大師在其判教論中，特以《法華經》為圓教教義，更是天台宗立宗所依據的經典，顯然，《法華經》自有其殊妙的意趣與性格。

　　觀《法華經》之所論，其重心不是在理論教義上，而是暢論佛的本意、本懷，所謂佛的本意、本懷，其目的只有一個，也就是佛以一大事因緣而出現於世間，實然就是為眾生「開佛知見、示佛知見」，以令眾生能「悟佛知見」與「入佛知見」。簡言之，如何令眾生能提昇見地，以明悟佛的本意、本懷，是為本經主要的意趣。亦可言：依其他的一切經論所陳述的三乘（菩薩、緣覺、聲聞）之說，全然只是方便的權法而已，佛意唯有：一切眾生本來是佛，故唯有一佛乘，也就是佛的引領究竟處，是為令一切眾生皆然成佛，此為佛的本意、本懷，也是《法華經》被尊為圓教之所在。

　　本書依《法華經》二十八品，舉其經文以呈現更貼近於生活的修行態度，以彰顯本經的妙喻：蓮華是「華果同成」的旨趣，簡言之，生活態度可以呈顯心境，心境的悟得源於親修實證所致。

胡順萍

目 次

自 序

〈序品〉由妙光而妙法的法會緣起

 能轉煩惱、心得自在是一切修學的基礎

「如是我聞。一時佛住王舍城，耆闍崛山中。與大比丘眾萬二千
人俱，皆是阿羅漢，諸漏已盡，無復煩惱，逮得己利，盡諸有結，
心得自在。」

【語譯】同佛住在一起的，還有大比丘眾一萬二千人，他們都是阿羅
漢，諸漏已盡，不復更生煩惱，雖未能利他，卻已得到了自利——出離三
界，游心空寂，而自在解脫。

【釋文】有關佛法的修行，各宗學派雖有其不同的修學方法與階次，
然一皆需先證得自利自得，此則為一切修學的根本。亦可言：如何在待人
處世的應對生活中，面對任何的人事與環境，皆能因於修行所具有的定力
與智慧，使自己能於應事而不執不煩。惟佛門所謂的智慧，並非是世俗的
知識，更非是一種世智辯聰。佛門由定以至生慧，其智慧是一種理解力。
於一般人對事物的理解，通常僅是淺層的表面而已。佛門的智慧是指：當
面對一切的存在境界時，一皆能觀照其在時、空間的遷移之下，一切存在
境界僅是一時的虛妄之相而已。依佛門的修證而言，若能證得阿羅漢果則
代表已入聖位。因於阿羅漢已具有滅除煩惱的能力，以是其能不再受生死
輪迴的果報，且因如是之德則堪受人天供養。顯然，依於自利而後行持利
他，如是的利他，才能免於在利他的過程中，因於自身定力與智慧的不足，

反導致難耐複雜的境緣而生退轉。

立足於不退轉的度生利他工作

「菩薩摩訶薩八萬人，皆於阿耨多羅三藐三菩提不退轉。皆得陀
羅尼樂說辯才，轉不退轉法輪。供養無量百千萬諸佛，於諸佛所，
植眾德本，常為諸佛之所稱歎。以慈修身，善入佛慧，通達大智，
到於彼岸，名稱普聞無量世界，能度無數百千眾生。」

【語譯】菩薩於無上正等正覺永不退轉，且能總持一切法義，及辯才
無礙，轉不退法輪。其因是諸菩薩已於往昔曾供養過無量百千諸佛，在諸
佛座下，萬行具足，深植眾德之本，常為諸佛所稱讚。菩薩以無緣大慈修
身，通達佛慧大智，名稱普遍遠聞於無量世界，能度無數百千眾生。

【釋文】人於自利之後，則必將再行持利他，此為人性的本然。亦可
言：由阿羅漢必將行往菩薩之道，此為釋尊於菩提樹下悟道後，即行遊教
化至其入涅槃為止，此是釋尊的現身說法，並以此引導後人當依如是的典
範而行。唯在利他的過程中，如何令自己不因人事境緣的複雜而產生退
心，此即是阿羅漢道與菩薩道的差異所在。於常人而言，利他是能令人產
生歡喜心的，且更能體證為人的價值所在。顯然，如何令自身能具足不退
轉的心行，此中的重要關鍵，當是不可離於正向思惟的提醒。即或釋尊已
入涅槃，但其法身常在，唯能在法義的時刻引領之下，自心穩定、慈悲與
智慧具足，唯能如此，才可謂是真能行持菩薩之道。

致力於智德的氣質流露以影響周遭

「爾時佛放眉間白毫相光，照東方萬八千世界，靡不周遍，下至阿鼻地獄，上至阿迦尼吒天（色究竟天）。於此世界，盡見彼土六趣眾生；又見彼土現在諸佛，及諸佛所說經法；復見諸修行得道者；復見諸菩薩摩訶薩行菩薩道；復見諸佛般涅槃者；涅槃後以佛舍利，起七寶塔。」

【語譯】佛從眉間白毫相中，放出智慧之光，照東方萬八千世界，無不周遍。在佛光照耀之下，能見到彼土六事：六道眾生、現在諸佛所說經法、修行得道的四眾弟子、行菩薩道的種種因緣等事、諸佛化緣既盡入滅度、眾生為供佛舍利建七寶塔。

【釋文】所謂成佛，實然是代表能入一理境之域，唯理境是無法以文字、言說而述之，為表佛的圓滿智德，能吸引一切法界無量眾生的嚮往，其智德可滋潤普惠一切眾生，故以光為佛的另一象徵。由佛菩薩自身所發出的光輝，始可稱為光，此中若由佛身恆常所發出永不磨滅之光，則稱為常光（圓光、瑞光）；又或佛為應機教化眾生而發之光，則稱為現起光（神通光、放光）。若依修行而論，因於相由心生，他人的心境外人通常無法得知，但為人所流露出來的氣質，則將具有一定的感染力，簡言之；氣質身教是足以影響他人，唯氣質的養成則需賴於常日智德的累積所成。

 ## 依緣而方便說法以引領至究竟地

「若人遭苦，厭老病死，為說涅槃，盡諸苦際。若人有福，曾供養佛，志求勝法，為說緣覺。若有佛子，修種種行，求無上道，為說淨道。」

【語譯】倘若有遭遇苦惱，厭惡生老病死的人，為他說苦、集、滅、

道，以證得空理的有餘涅槃，使他斷盡見思，了脫三界生死苦際，得聲聞果。若有修福，曾供養佛，志求勝法的人，為他說十二因緣，使他覺了真諦之理，得辟支佛果。若有修自利利他的種種大行，求無上佛慧的菩薩，為他說清淨的六度之道，使他了達三輪體空，得菩提大果。

【釋文】於一世的人生而言，由年少乃至中、壯年，皆將因於人生的歷練不同，於所追求的事物亦將有所不同。唯如何才能走上正向的人生目標，此中價值觀的確立將有決定性的影響。亦可言：如何由自利轉至利他行的過程，善知識的引導是重要一關鍵。對於善知識的確立與追隨，學人亦需有時間的觀察與判斷，但所謂的觀察，並非是在挑所欲追隨者的缺失，而是應當觀察其所具有的特德與足堪為典範的行持，當自身對此善知識有一定的信心與確認後，則真誠恭敬地依其所教而行，則自身才能真實受益。亦唯有真正的善知識才能指正學人的缺失，並給予最適當的引導，故亦可謂：善知識有再造之恩。於《法華經》而論，聲聞、緣覺、菩薩皆只是行持的中途過程，目標唯有一：得證佛果。

 ## 慈悲與智慧具足的利生是為妙法

「時有菩薩，名曰妙光，有八百弟子，是時日月燈明佛，從三昧起，因妙光菩薩說大乘經，名妙法蓮華，教菩薩法，佛所護念。」

【語譯】當時有一位菩薩，名叫妙光，他有八百弟子。這時日月燈明佛，從無量義處三昧而起，因妙光菩薩當機之故，說大乘經，這大乘經的名字叫做妙法蓮華，教授菩薩的法門，也是佛所護念的要典。

【釋文】佛的說法，無非欲令眾生能依法而悟道修行，《法華經》以蓮華為經名的譬喻，蓮華出淤泥而不染，此為蓮華的殊妙處，亦在彰顯眾生本六根清淨、五蘊皆空，眾生若能如蓮華般的向上提昇，以成正覺本是

不難,然若陷於淤泥而不求出離,如是終將輪迴於生死之域中,如是則為難。日月燈明佛因妙光菩薩而說妙法,本文以妙光菩薩為佛的另一化身,所演說內容是為大乘不可思議的妙法,即人人皆可得授佛記而成就佛道。顯然,所謂「妙法蓮華」或「妙法蓮華經」,並非僅指後世所流傳的二十八品《法華經》而已。「妙法蓮華」可謂是一統稱,凡言一切眾生皆可蒙佛授記而得證成佛之法,皆可名之。依現前的修行而論,實然沒有定法,皆是依人治人、依法治法,凡能幫助當下眾生解決其煩惱痛苦,則其所用之法皆可名為妙法。亦可言:唯有具足慈悲與智慧的利益眾生,才能有善巧方便可言。

 ## 成全眾生時自身的進退往來亦要能自在

> 「時有菩薩,名曰德藏。日月燈明佛,即授其記,告諸比丘:是
> 德藏菩薩次當作佛,號曰淨身,多陀阿伽度(如來)、阿羅訶(應
> 供)、三藐三佛陀(正遍知)。」

【語譯】當時有一位菩薩,名叫德藏。日月燈明佛,即予授記,告諸比丘:這德藏菩薩,繼我滅度之後,次當作佛,號曰淨身、如來、應供、正遍知等十號具足。

【釋文】佛以其親證而告知大眾:「大地眾生皆有如來智慧德相,但因妄想執著而不能證得」,依佛的親證,實然只為開顯:佛與眾生本無差別,一切眾生本來是佛,亦是《法華經》開演唯有一佛乘之意。因於眾生本來是佛,故在無量的時、空間之中,自有無量的諸佛同時成佛,而諸佛授記予諸菩薩次當作佛,則為彰顯唯有層層轉為增上,由粗重的無明妄想煩惱,乃至尚留有餘識習氣,唯當一一去除之後,則光明的如來本體自能顯現,此即是佛。顯然,所謂的佛,就是在待人處世的過程中,能以慈悲

與智慧為方便，於人的助化時，於己的往來亦能自在，不因於他人的無明煩惱而導致自身的擾動不安。唯然，眾生之所以無法成佛，其大多數皆在與人互往之間，或因之產生染著，或由是退避隱匿，或只想求得自身的清淨而已等，以是而觀之：則眾生與佛確然差別甚大，故謂成佛難，其難不在本質上，而是在妄想執著的去除力。

 ## 傳法無盡在於依教奉行

「佛授記已，便於中夜入無餘涅槃。佛滅度後，妙光菩薩，持此妙法蓮華經，滿八十小劫，為人演說。日月燈明佛八子，皆師妙光，妙光教化令其堅固阿耨多羅三藐三菩提。是諸王子，供養無量百千萬億佛已，皆成佛道。」

【語譯】佛予德藏菩薩授記已罷，便於中夜歸本而入於無餘涅槃。佛滅度後，妙光菩薩受持此妙法蓮華經，滿足八十小劫，為人演說，大事弘揚。日月燈明佛的八個王子，都依妙光菩薩為師，妙光教他們於阿耨多羅三藐三菩提法，堅持固守。因此，這八王子，於供養無量百千萬億佛後，盡都成就佛道。

【釋文】佛的演說教義，其所具涵的真理妙義，是超越時、空間的，是可相應於古今中外一皆當受用之。以是，如何將其一代的教法傳演下去，此不但是佛的本願心懷，亦是後人所應致力之所在。因此，如何集結教法？如何傳演法義？則攸關法義的廣傳與否。佛授記諸菩薩，其意實然是為將法義授予留傳的印可。天台宗智顗大師於《法華文句》〈釋序品〉下有一小注曰：「佛出世難，佛說是難，傳說是難，傳譯此難，自開悟難，聞師講難，一遍記難。」此七難，除特點出《法華經》開演與弘揚的困難，實然更是廣義在說明：任何佛法義的傳揚皆將攸關佛法身的彰顯。一代佛

菩薩的出世，常人本是難遇，於今尚能聞得法義，且具有人身，則其後如
何依法奉行，全需仰賴學人的精進與用心。

〈方便品〉於一乘分別說三的巧施方便

 ## 善巧方便不離於究竟實法

「舍利弗！吾從成佛已來，種種因緣、種種譬喻，廣演言教，無數方便，引導眾生，令離諸著。所以者何？如來方便、知見波羅蜜，皆已具足。」

【語譯】舍利弗！我從久遠之世成佛以來，以三乘人入道不同的種種因緣，設種種譬喻，廣演言教，以無數方便，引導眾生，使之出離三界煩惱及法執等的染著。何以能夠這樣？因為如來的方便善巧，及知見波羅蜜，都已圓滿具足之故。

【釋文】依佛的本願、本懷，一切演法皆為令眾生能入佛知見以成佛道，然眾生因於各自的利、鈍之機不同，以是佛需設立種種善巧譬喻的方便法。依《法華經》的妙義而論，一切法唯有一佛乘，此即是法華的圓教義，唯就修證歷程而言，其間自有淺深高下之別，如何會別異而入圓，此即《法華經》的重心。雖言法華是依眾生的本願而總可會歸為一乘圓教，然眾生於累劫的生死流轉中，遠劫本願恐早已淡忘難憶。如何令眾生相信遠劫早已證入阿耨多羅三藐三菩提，其關鍵則在引導的方法，而此即是《法華經》所稱的方便法。然能開設方便法者，則其自身需先立於已具親證無礙自在的究竟實法，唯有如是，才能開顯三乘權法，以令眾生了知當下修證的階次，其後再逐步引眾生憶念遠劫本願，實然已得證正等菩提而無有

疑慮。唯今時之所難,則難在眾生各自以所修之法為高為妙,彼此論爭,對於當下直指本心之究竟,反疑惑無法確信,如是則為難矣!

 依修德以呈顯本具的性德

「舍利弗!如來知見,廣大深遠,無量無礙,力、無所畏、禪定、解脫、三昧,深入無際,成就一切未曾有法。」

【語譯】舍利弗!如來的知見,廣大深遠,無障無礙,十力、四無所畏、禪定、解脫、三昧,都盡行深入無邊無際,成就一切未曾有的一乘實法。

【釋文】釋尊以種種因緣、譬喻的方便善巧而開演甚深法義,且依釋尊的慈示:「我所說法如爪上泥,所未說法如大地土」,此意在說明:眾生皆可依其所親證而演說法義,此乃因於「大地眾生皆有如來的智慧德相」,以是而知:實相之理是人人本具、人人皆可證得的。唯實相之理,本無法以言說、文字而呈顯,更非心意識所可測知。雖言如是,但釋尊仍以其一生的行誼成就一切的能力、無畏、禪定與智慧等,即是藉此修德以呈顯實相之理。同理而知:眾生若能努力精進於自身的修德,自能彰顯自身本具的性德。例如:當自身能修持忍辱行時,則亦能證明本性中確實具有如的忍辱之德。又如,孝養父母、敬重師長與布施、持戒、利他等的德性流露,如是皆能明證本具之德確然具足在自身之上。釋尊不但自身已得親證,更終其一生以行遊教化、現身說法,實然就是為明證其所成就的一切未曾有法,眾生皆然亦可如是成就。唯即或已成就未曾有法,仍只是實相理中的一分而已矣!

彼此不需言說的心領神會

「止！舍利弗！不需復說。所以者何？佛所成就第一希有難解之法，唯佛與佛，乃能究盡諸法實相。」

【語譯】止！舍利弗！我不要再往下說了，為什麼？因為佛所成就的第一希有難解之法，唯獨佛與十方諸佛，才能究竟窮盡諸法實相的邊底。

【釋文】於諸法實相之理而言，則一切所可言說、所能示現之法，皆恍若虛空包括一切色相，又如大海廣納支流，任何法門皆只是實相之理的微分之微而已。以是，當釋尊一再論說其所成就之法的舉證時，則以「止」為言說的終究有盡。唯釋尊以言論巧說但為悅可眾心而已，且又特明示諸法實相「唯佛與佛乃能究盡」，此中已明分眾生與佛的不同。然眾生又當如何才能得入佛所究盡的實相呢？若一切的演法是「權」，能入實相理才是「實」，此於眾生而言，又當如何由權以入實？又或如何才能會融權與實呢？唯依釋尊一生的示現，其色身早已示現涅槃之相，亦可言：釋尊可言說示現的已窮究完盡，而眾生終將依此權法以入實相之理境，此乃彰顯不可言說，則有待自身的親證。顯然，所謂入實相之理，此是收關境界的問題，實然非言說可盡，故唯有得證者彼此才能心領神會。於眾生而言，努力精進是為必然，然當有所心得時，除與有緣眾生分享所學習的心得之外，於一切的境界皆需全然放下，如是或許才能淺嚐諸佛所謂的實相之理吧！

 ## 彼此互助相成的存在關係

「所謂諸法：如是相、如是性、如是體、如是力、如是作、如是因、如是緣、如是果、如是報、如是本末究竟等。」

【語譯】所謂諸法，即：下自地獄界，上至佛界，這十界之法，法法互具：差別之「相」、不變之「性」、色身之「體」、功用之「力」、興造之「作」、感果之「因」、助因克果之「緣」、由因所感之「果」、酬因的苦樂之「報」，相為「本」，報為「末」，從本至末，若以空、假、中的三諦圓融觀之，其歸趣處，究竟皆是平等實相的如理。

【釋文】凡一切的現象存在，乃至自色身，若能多所觀之，則於常人而言，僅能感嘆在時、空間的遷移之下，一切的現象存在終究是變動無常，且謂：「變動密移，漸至於斯」，此中特以「密移」說明：剎那的生滅於常人是無法感知的，唯只能接受無常的出現與多所感觸而已矣！唯佛特以「法法互具」說明：一切現象存在皆是緣於各種條件所組合而起，正因於緣起，故無有不變的事物存在，此即是諸法的真實之相。顯然，唯有能得證諸法實相之故，才能體證原來一切存在皆是互為彼此存在的關係。例如以人身而言：若無有陽光、水、空氣等，人亦無法存在，即或是一花、一草等亦皆然如是。佛一再明示萬法存在的諸法實相，實然是為說明：無有獨存的生命體，以是而知：唯有襄助一切的萬法，才能究盡諸法的實相。

平等無二以利眾生是為佛的知見

「諸佛世尊，欲令眾生開佛知見，使得清淨故；欲示眾生佛之知見、欲令眾生悟佛知見、欲令眾生入佛知見道故，出現於世。舍利弗！是為諸佛以一大事因緣故，出現於世。」

【語譯】諸佛世尊，欲令眾生開啟他們為五濁所閉的佛之知見，使得

清淨故；欲指示眾生本具的佛之知見，十界平等，並無差別；欲令眾生了悟佛之知見，唯一佛乘，更無二三；欲令眾生入於佛的知見，登不退地，所以才出現於世。舍利弗！這就是諸佛以一大事因緣，出現於世。

【釋文】釋尊演法無非在欲令眾生解脫煩惱以入涅槃，此為佛說，亦是眾弟子們的證悟。於今《法華經》特言佛以一大事因緣出現於世：欲令眾生開示悟入佛的知見，而其中唯以「入佛知見」才能與佛同等證得阿耨多羅三藐三菩提。依於佛意，佛唯說一乘法，不落二三，亦可言：能解脫生死煩惱得證涅槃，並非佛所謂的究竟實法。唯有再窮盡無量法界，以無分無別救濟眾生，直至全體法界同證佛道，此才是諸佛以一大事因緣出現於世之故。依於修行而論，個人的修德成就是甚為重要的，然此僅是自利而已。唯能不畏懼並願承擔利他的責任，且能在過程中因之所帶來的麻煩與困難皆能降伏與化解，然於常人而言，此是易生退轉之因。唯如何在各種境緣之下，皆能調伏自身與眾生，此即是佛、菩薩與眾生的差異所在。

 ## 法門有別但為入佛智的旨趣則同

「舍利弗！過去諸佛、未來諸佛、現在十方無量百千萬億佛土中，諸佛世尊，以無量無數方便，種種因緣，譬喻言辭，而為眾生演說諸法，是法皆為一佛乘故。是諸眾生從諸佛聞法，究竟皆得一切種智。」

【語譯】舍利弗！在過去迦葉佛以前，乃至莊嚴劫中的諸佛；到未來世彌勒佛以後，乃至星宿劫中的諸佛；以及現在十方無量百千萬億佛土中的諸佛世尊，各以無量方便，種種因緣、譬喻、言辭，為眾生演說諸法。諸法雖有差別，而其旨趣無非為一佛乘故，所以此等眾生，從諸佛聞法，究竟都得到一切種智。

【釋文】此中特舉過去、未來與現在一切諸佛的教化演說，唯然只有一事，即究竟皆得佛智。顯然，《法華經》唯論一佛乘之說，非為現在說而已，於過去與未來亦必如是，此可謂：三世同一事。佛以無量數的譬喻言辭為眾生說法，此即千經萬典的流傳，是為有所說的善巧方便，總曰是權法。唯千經萬典但為引眾生入佛知見、得一切種智，此終有賴眾生的自證悟，於此，則諸佛確然本無所說，此即是實法。《法華經》既為圓教義，是佛法的究竟圓滿地，故其內涵當必能總攬佛有所說的三乘教法，與眾生皆需本自證悟的佛本無所說的兩大部分。顯然，於修行而論，學人除在權法的學習外，如何自證悟於日常生活上，並影響於他人，或才可謂近於佛本意。

引轉不善為善是佛聖的本願

　　「舍利弗！劫濁亂時，眾生垢重，慳貪嫉妒，成就諸不善根故，諸佛以方便力，於一佛乘分別說三。舍利弗！若我弟子，自謂阿羅漢、辟支佛者，不聞不知，諸佛如來，但教化菩薩事。此非佛弟子、非阿羅漢、非辟支佛。」

　　【語譯】舍利弗！當此五濁渾亂之時，眾生的罪垢深重——慳吝、貪欲、嫉賢、妒能，成就三途惡業的不善根機。因此之故，諸佛以方便之力，於一實佛乘，權說為三。舍利弗！設我座下的弟子，自以謂是阿羅漢、辟支佛，猶不聞知諸佛如來但教化菩薩無二無三之事，這不是佛弟子、不是阿羅漢、不是辟支佛。

　　【釋文】時人稱現世為五濁惡世，然世本非惡，是因濁故惡，譬如：投土入水，水便失其本淨，以是唯有將土過濾完竟，則水自復其本淨。且依眾生的本願，理應居於淨土，而濁垢的產生，顯然是起於眾生的自隨不

善而有，又因於眾生的所執、所著不同，因此，才有開演三乘之說的善權必要，此亦可謂是「恆順眾生」。唯所謂的恆順眾生，是隨順而轉，並非是隨順眾生之惡而惡，而是於隨順中，視眾生的種種不善處而轉之為善，此為恆順之意。顯然，能親近承事供養眾生，才能與眾生相處，度化的可能性亦將增大，故恆順是一入手處，而轉則是幫助眾生趣入於光明正路。由是而知，依眾生之苦而興大悲，亦因大悲而成就佛果，若無眾生，則一切菩薩終不能成無上正覺。

〈譬喻品〉以「三車火宅」曉喻會三歸一

由自利而利他是修行的必然歷程

「舍利弗白佛言：我昔從佛聞如是法，見諸菩薩受記作佛，而我
等不預斯事，甚自感傷，失於如來無量知見。我每作是念：我等
同入法性，云何如來以小乘法而見濟渡，是我等咎，非世尊也。
我等不解方便隨宜說法，初聞佛法，遇便信受，思惟取證。」

【語譯】舍利弗向佛說道：我往昔從佛聞如此大法，見諸菩薩都受記
作佛，獨我等小乘，不得參預此事，深自感傷，失卻了如來的無量知見。
我常思念此事：我等聲聞，與諸菩薩，同師如來，同入法性，為什麼如來
以大乘濟渡菩薩，以小乘濟渡我等？這是我等迷權惑實的過咎，不是佛的
教理有大小不等的偏頗。我等不解方便為隨宜所說，初聞四諦，即便信受，
復以意識思惟，而取證小果。

【釋文】舍利弗之疑，實亦是一切眾生長久以來的誤解，總以為佛的
說法有淺深高下之別，此一方面是因於眾生的根器而然；亦可言：於眾生
的困惑中，法是有界分的，聲聞乘者終不可入於菩薩乘中，故當佛為諸菩
薩授記，於其他小乘的學人，總有望而興嘆之感。並思之：「我等同入法
性」，所謂法性，即法之本性，一切法皆為度眾而存在，而一切眾生皆可
同入於得證無上正等菩提，此即是法性。顯然，依於修行而論，眾生終必
由小以入大，若自我斷惡修善的解脫煩惱尚且做不到，又如何能以平等大

悲之心以利益他人。

恆持一念初發心於度生境緣上

「世尊！我從昔來，終日竟夜，每自剋責，而今從佛聞所未聞未
曾有法，斷諸疑悔，身意泰然，快得安隱，今日乃知真是佛子，
從佛口生，從法化生，得佛法分。」

【語譯】世尊！我從往昔聞方等以來，終日、通宵，每自剋責，憂鬱
悱憤，而今從佛聞此「二乘成佛」，前所未聞的未曾有法，疑悔盡斷，身
心泰然得快活安隱。今日方知真是佛子，聞慧從佛口生，思慧從法化生，
這樣才得了大乘佛法的分見。

【釋文】諸佛如來教化眾生其目的只為一事，即是欲令一切眾生皆能
得證菩提佛果，簡言之：佛不可能只為引領眾生趣向個己的涅槃滅度而
已。此為佛的終究確說，亦是佛的出世一大事因緣。然所以會造成聲聞弟
子自以為已得滅度，此不來自於佛說法之故，實因弟子們不解佛的善巧權
宜，反執方便為真實，故有見菩薩授記作佛，而有自不與焉的感傷。而今
法華的妙義，正可破弟子們長久以來的執見。佛為解除弟子們的疑惑，其
所採取的方法是令弟子們憶念本願所行之道。顯然，現前的自度小果，其
本是大乘之因，故終究而言，實然沒有二、三乘，唯有一佛乘。此於修行
而論，唯當學人開始於法、於度生產生退轉之心時，如何能提起憶念當是
時的初發心，也可以說：「恆持一念，一念萬劫」，唯真能如是者，或才可
謂是有些微的近佛氣氛吧！

能與眾生同在才能真實與佛同在

「佛告舍利弗：我昔曾於二萬億佛所，為無上道故，常教化汝，汝亦長夜隨我受學，我以方便引導汝故，生我法中。舍利弗！我昔教汝志願佛道，汝今悉忘，而便自謂已得滅度。我今還欲令汝憶念本願所行道故，為諸聲聞說是大乘經，名妙法蓮華，教菩薩法，佛所護念。」

【語譯】佛告舍利弗：我往昔曾在二萬億佛的處所，為的要成就無上佛道之故，常以大乘教化於汝，汝亦於無明長夜，隨我受學，由於以我方便引導汝故，生我法中而為佛子。舍利弗！我昔日教你立大志願以求佛道，你今天都已忘失，便取小乘，自以謂已得滅度。我現在還想教你追念本願所行的佛道，所以為諸聲聞說此大乘經典，名「妙法蓮華」，是教授菩薩的一乘實法，也是佛所護念的秘要。

【釋文】佛實未曾滅度，以色身而言其住世終有期限，然佛的慧命法身是長夜教化眾生，所滅度者僅是色身，故佛以「昔曾於二萬億佛所，為無上道故常教化」，此正說明：佛於法的教化上，實未曾取證滅度，此為佛的自覺自證，而佛亦以未曾滅度的法義與修持，而方便引導教化眾生。於一般而言：凡夫流浪生死而不自知其苦，於初修行者又多抱持以能取證滅度為目標，於今若能深悟佛的教誨，則知唯有不執於世間與出世間，永不取證滅度而長夜教化，唯能與眾生同在，才能真實與佛同在。

由修持一切法義至真實受用佛智

「舍利弗！汝於未來世，過無量無邊不可思議劫，供養若干千萬億佛，奉持正法，具足菩薩所行之道，當得作佛，號曰：華光如來、應供、正遍知、明行足、善逝、世間解、無上士、調御大夫、天人師、佛世尊。華光如來，亦以三乘教化眾生。舍利弗！彼佛出時，雖非惡世，以本願故，說三乘法。」

【語譯】舍利弗！汝於來世，經過無量無邊不可思議劫數之久，供養若干千萬億佛以植福，奉持正法以修慧，福慧圓滿，具足了菩薩所行之道，當得作佛。別號叫做「華光」，通號謂：如來、應供、正遍知、明行足、善逝、世間解、無上士、調御丈夫、天人師、佛世尊。華光如來，也同諸佛一樣以三乘方便，教化眾生。彼佛土淨，何以亦說三乘？舍利弗！彼佛出時，雖非五濁惡世，然而，以其因地的本願力故，也說三乘教法。

【釋文】佛為舍利弗授記未來成華光如來，亦說三乘教化，以此明示：一切眾生本來是佛，故終將返歸本願因地。唯於度生的過程中，將因於眾生之機，不能即以佛智而度之，需先以方便為引導，最終才能以大乘而度脫，此是一切諸佛的本然。若於修行而論，學人宜先對善惡有明確的判斷，且精進修持於「諸惡莫作、眾善奉行」，其後再將一切善惡的分別心放下，以自淨心念，唯有如是的歷程，才能確保眾生能真實受用於佛智的圓滿。

 ## 善用方法嘉惠利他是修學的本懷

「舍利弗！如彼長者，初以三車誘引諸子，然後但與大車，寶物莊嚴，安隱第一；然彼長者，無虛妄之咎。如來亦復如是，能與一切眾生大乘之法，但不盡能受。舍利弗！以是因緣，當知諸佛方便力故，於一佛乘，分別說三。」

【語譯】舍利弗！就像那位長者，他最初以羊、鹿、牛三車，引誘諸子出了火宅；然後但賜與大車，而以寶物莊嚴，安隱第一。然而，那長者，卻沒有與非所許，許而不與的過咎。如來也是這樣的，能賜與一切眾生以大乘之法。但眾生根器，並非都同菩薩一樣，盡能領受。舍利弗！以是因緣，當知諸佛以隨順眾生的方便之力，於一佛乘，分別說三。

【釋文】此是〈譬喻品〉中甚為著名的三車（羊、鹿、牛車）之喻，顯然，三乘的界分是依眾生而起，能從佛世尊，聞法信受，是一切修學的大前提，然眾生各依執性，有自求涅槃者、有樂獨善寂者、有利益天人度脫一切者，此即是佛開三乘之由，眾生各自隨所好而修學，以得能出脫三界火宅，此即是諸佛演法的目的。至於，佛以善權方便而言有三乘，然依佛的本懷，並無三乘法，唯有一佛乘，此是否即為虛妄？佛能與一切眾生大乘之法，此為佛度脫眾生的本懷，而眾生不盡能受，此為眾生的障礙，以是而知：若佛不施善巧，眾生終無得度之時，故又何能以善巧而言佛有虛妄乎！

 ## 於世間不執不著即是出世間

「以是方便，為說三乘，令諸眾生，知三界苦，開示演說，出世間道。是諸子等，若心決定，具足三明，及六神通，有得緣覺，不退菩薩。汝舍利弗！我為眾生，以此譬喻，說一佛乘，汝等若能，信受是語，一切皆當，成得佛道。」

【語譯】因此，才假設方便，為諸眾生開示演說三乘權法，使知三界苦諦，及出世間的盡苦之道。此三乘諸子，若心稟教，則決定具足三明六通，而得證聲聞、緣覺、不退菩薩。舍利弗！我為眾生，以此譬喻，說一佛乘，更無二三；你們若能以信心領受這藉三說一，為一說三的實語，那

一切三乘，都應當得成佛道。

【釋文】為使眾生能出離三界火宅，佛善用方便智慧，眾生亦在佛以三乘法的善誘之下而得出離生死苦海，佛的權宜至此亦以完成其階段性任務。唯佛的的智力無量，一切眾生皆是佛之子，佛終必以最究竟的佛法而度脫之，使眾生能憶念本願，實與佛同等證入無異，此是諸佛的本懷。於修行而論，學人宜應先在現實世間領悟無常、無我、苦、空的眼前現象，並以是因緣而求精進度脫一切煩惱，當能體證現前境界本是虛妄而不真實，唯能不執、不著，自能在生死苦海中而得超脫，此是謂出世間。一旦能具此知見，則再反轉以引導眾生同悟、同證，能如是而恆持之，自與諸佛如來同心、同行。

 ## 依法不依人的自在修行

「我為法王，於法自在，安隱眾生，故現於世。汝舍利弗！我此法印，為欲利益，世間故說，在所遊方，勿妄宣傳。」

【語譯】我為法王，不住生死，不住涅槃，於權實諸法，得大自在。為使眾生，離二種生死，得安隱故，才出現於世。舍利弗！我這一乘實相的法印，為令世間眾生得大利益而說的，在所遊化的地方，要慎重選擇，苟非大器，可不要妄為宣傳。

【釋文】佛是已得證者，其所具有的一切智慧與德能，皆由無量劫的修證而成；佛以其得證的功德，於一切的苦惱憂患早已蕩除，其心早已悠然自在，故又謂「法王」。唯今佛坦然再降火宅，主要在其大慈悲心的念力上；佛既有救度眾生的念力，眾生亦應有得出三界的信願與力行。唯眾生的得出與否，其所依據仍在眾生的身上，諸佛菩薩的一切法義與種種示現，如何返轉成自身的智慧以破除根本煩惱，則全需仰仗眾生的精進力，

此是諸佛菩薩所無法替代的。於個人的修行而論，對於可以講解法義的諸善知識，唯當學習其圓善的道與法，若是其個人的習氣則當能明辨之，故謂「依法不依人」。然於傳法者而言，亦當能明識對象的根器程度，且一位真正具德的傳法者，亦能指正不善處，使學人確能幡然醒悟而徹底改變，至此則知：能演法者確為不易，而能力行實證者更是難中難。

〈信解品〉疑除執破、捨貧向富的自我解脫力

 信解建立的第一步：眾生即我

「我等今於佛前，聞授聲聞阿耨多羅三藐三菩提記，心甚歡喜，
得未曾有，不謂於今忽然得聞希有之法，深自慶幸，獲大善利，
無量珍寶，不求自得。」

【語譯】我等今天在佛的座前，聞佛授予聲聞阿耨多羅三藐三菩提記，心裡歡喜得前未曾有，沒想到今天忽然得聞這聲聞作佛的希有之法，深自慶幸，獲得了非同小可的大善利益，無量珍寶的一乘法寶，不求自得。

【釋文】佛法義的內容，包含甚多甚廣，其中又以演說平等大乘法與般若空慧，其所佔的分量為多。且依天台宗的判教，以《阿含經》代表釋尊早期的法義，其是著重於觀照無常、無我、苦、空，顯然，如何斷除生死煩惱以取證涅槃，為當其時在釋尊座下聞法弟子們的一向目標。以是在《法華經》中，當釋尊為聲聞授記成佛，於諸弟子不但嘆未曾有，亦終能明白：釋尊將諸法會歸為一成佛之法的用心。於修行而論，疑惑是嚴重的病根，因此，如何除疑是修學的第一步。如世俗所言：「疑則生怪」，怪則阻擾信心的產生，尤其是對於性德的引導，如何能深信「一切眾生本來具足最圓滿的智慧與德能」，如是的信心建立，可謂是進入佛聖之門的關鍵。唯能由個人的煩惱滅除之後，再返轉幫助一切的眾生，簡言之；當能將他人視同自己，此才是諸佛教化的根本所在，才可謂是：於法自在，獲大善

利。

 ## 捨貧向富的自我解脫力

「世尊！我等今者，樂說譬喻，以明斯義。譬若有人，年既幼稚，
捨父逃逝，久住他國。年既長大，加復窮困，馳騁四方，以求衣
食，漸漸遊行，遇向本國。其父先來，求子不得，中止一城。其
家大富，財寶無量。時貧窮子，遊諸聚落，經歷國邑，遂到其父
所止之城。」

【語譯】世尊！我等聲聞，今樂說譬喻，以闡明這法說的未盡之義。
譬如有人，年齡尚在幼稚，便捨父逃逸，淹留異國，年既長大，更加窮困，
於是奔走四方，以求衣食，漸次遊歷，偶而回歸到自己的國家來了。其父
先來，因覓子不得，中途止於一城。其家大富，財寶無量。此時，那捨父
逃逝的窮子，為求衣食而遊諸聚落，經歷國邑，遂即到達他父親所止的一
城。

【釋文】此是《法華經》的「富子逃逝喻」，一切眾生本為大富長者
之子，皆本富有，只因年幼即捨父逃逝，久住他國，且年既長大，加復窮
困。世尊藉此喻說明：一切眾生的本願皆是佛，此即是富；但眾生於流浪
生死中而漸趨於貧。今世尊欲引領眾生捨貧向富，此中的關鍵，除需仰賴
佛的開示演說之外，最重要在眾生是否具有解脫力，而追求解脫力的憑
藉，即在去除慢心，務將聲聞的增上慢（樂著小法）放下，轉而志求大乘
（樂大之心），當眾生具有追求大乘解脫力，佛即為眾生開示大乘法，而
眾生所具有的解脫力，亦可謂是自我的因緣突破。

依自身習氣以揀擇修學方法

「世尊！大富長者，則是如來，我等皆似佛子。如來常說，我等
為子。然世尊先知我等心著弊欲，樂於小法，便見縱捨，不為分
別，汝等當有如來知見寶藏之分。」

【語譯】世尊！所謂的大富長者，就是如來；我等聲聞，都相似佛子。
如來常說我等是子，並不是我們以佛子自況。然世尊已預知我等，心著世
間的粗弊五欲，樂於小法；便見機而作，縱令習小，捨棄大化，不給我們
分別演說：汝等聲聞，當有如來知見法寶之藏的分兒。

【釋文】依於修行而論，學人在精進修學的歷程中，首先要能明瞭自
身的習氣所在，若所修學的方法，能與自身的習氣較為近似，則於學習的
過程中，才能因於有所心得而不感疲累。反之，若與自身的心性差異太大，
往往在法門尚未習成之前，已因各種難以調伏的境緣而萌生退轉之心，此
是可以預知的。故世尊於指導聲聞弟子，是先令其樂著小法，而不為其開
演大法，實然是有其用心之所在。例如：當學人置身於大眾的團體中，一
方面雖可依眾靠眾，然另一方面亦要處於紛然的人事，若確然無法安忍自
在，則可以先返身自修一段時間。或亦可謂：一般大多數人的根機，都是
先呈現聲聞習氣，若沒有由小以入大的過程，此於修習佛聖之學而言，反
容易造成退失道心，則是謂可惜矣！

樂於利他是為人的本分事

「我等昔來真是佛子，而但樂小法；若我等有樂大之心，佛則為

我說大乘法。而昔於菩薩前毀訾聲聞樂小者，然佛實以大乘教化。是故我等說本無心有所希求，今法王大寶自然而至，如佛子所應得者，皆已得之。」

【語譯】我等昔來稟大化以來，真是佛子。佛所以不為我們說大乘者，是因為我們退大樂小的緣故，假使我們有樂大之心，佛也就為我們說大乘了。佛昔日於菩薩前，毀訾聲聞樂小法者，然而，這正是以大乘教化我等，並非毀訾。因此之故，所以我們才說：本來無心有所希求，而今法王的大法寶藏，自然而至，凡是佛子所應得的大法，我們都已得到了。

【釋文】依於法義而論，本無大與小的差別，法門之所以開演有八萬四千，此乃是為對治不同的煩惱所致，若無有煩惱，則一切法門亦無有施設的必要。因此，所謂的大與小，是意指學人的願力與心量為論衡。凡只為自身的寂靜涅槃，只為自身能遠離憂悲，而不願參與助人的工作，簡言之；不願無所回報的利益他人，此則為小。反之，若能盡心盡力於所接觸之人，且付出不求代價與回報的襄助他人，此則為大。以是而知：《法華經》一再論說「唯有一佛乘，無二亦無三」，如是的意旨並不是依於法門為說，而是立於一切眾生本來是佛，既身是佛子，則自利利他本是一體，或亦可謂唯有純然的利他，才能究極成就佛道。

能與眾生同難同在是為真報恩

「我等長夜，修習空法，得脫三界，苦惱之患，住最後身，有餘涅槃，佛所教化，得道不虛，則為已得，報佛之恩。我等雖為，諸佛子等，說菩薩法，以求佛道，而於是法，永無願樂。」

【語譯】我們於長夜修習偏空之法，得以解脫了三界生死的苦惱之

患，證了阿羅漢果，住於最後尚未落謝之身的有餘涅槃。認謂這是稟佛教化所得的道果，真實不虛，將果酬因，業已報答佛的深恩了。因此，我們雖為諸佛子等，演說菩薩六度之法，教他們勤求佛道；而我們自己，對於這大乘佛法，卻視若等閒，永無願樂。

【釋文】佛門的義理，以能觀空為最重要的智慧，因於一切人事物永遠在變動之中，故總曰：「色即是空」；然觀空的智慧是依於現象存在的無常不真而得之，因此又曰：「空即是色」。唯依於修學而論，凡夫執有，故需以空破其執有；而初階修行者則又容易執空，則需以有破其執空。若論之執有與執空兩者，顯然，欲破除執空者，更為不易。此乃因於：執空者已具觀空的心境，其於世情多半已無有太多興趣，更違論要其提起利他的熱情，至此，則能明悟《法華經》其重心在將聲聞引入菩薩行，故是佛的最後圓說。顯然，若真能觀空者，則才能深悟：一切眾生與我同體，實然沒有個人的獨存，故唯有深入眾生界，與其同難同在，才可謂是真報眾生恩、父母恩與佛恩。

能真實聽懂才能真實做到

> 「世尊我今，得道得果，於無漏法，得清淨眼。我等長夜，持佛淨戒，始於今日，得其果報。法王法中，久修梵行，今得無漏，無上大果。我等今者，真是聲聞，以佛道聲，令一切聞。我等今者，真阿羅漢。」

【語譯】世尊！我等今天得道得果，有如下三緣：於無漏法中，得平等正觀之智的清淨法眼。我等於長夜持佛淨戒，始於今日得離二死過惡的果報。於法王的法中，久修梵行，今天才得悟無漏無上的菩提大果。何以大乘道果，昔日未得，今日方得呢？我等昔日，隨言取證，未得佛旨，雖

名聲聞，而實非聲聞；今日不但自聞佛道，且以佛道音聲，令一切皆聞而自利利他，這才真是聲聞、真是阿羅漢。

【釋文】凡一切佛聖的教誨，其入手處皆在自身的德性養成，唯一旦自修身有所成就後，則必然再行持於社會、國家乃至天下，此為佛聖設教的真正目標。唯於佛聖座下的學習，其首要則在聽聞，然聽聞最忌諱於一知半解，更要避免自專自是、自以為是，凡妄認已薰修一段時日，於佛聖的教誨已了然於胸，則不肯再虛心依教奉行，如是之行，誠可謂是自棄於佛聖之門。詳觀經義：凡自以為在世尊身旁聽聞者，實然並非真是聲聞弟子，唯有真實依如世尊的終其一生的行遊教化，才可謂是真佛子，才是能堪受天人供養的阿羅漢。

心性充實才能自在知足

「諸佛於法，得最自在，知諸眾生，種種欲樂，及其志力，隨所堪任，以無量喻，而為說法。隨諸眾生，宿世善根，又知成熟，未成熟者，種種籌量，分別知已，於一乘道，隨宜說三。」

【語譯】諸佛於一切法門，得最大自在；所以能知眾生種種欲樂的不同，志願的差別，隨其力所堪任，或大或小，或深或淺，而以無量譬喻，為之說法。隨諸眾生的宿世善根，知其成熟或未成熟，這樣作籌思量度的分別已罷，便基於一乘妙道，隨順機宜，方便說三。

【釋文】對於學習者而言，最重要的就是師資。然一位好的引導者，其最重要的就是能了知修學者的特質不同，且又能因於不同的對象而有個別的教學方法與內容，此於一般的學術已經不容易，更何況是要入佛聖之學。一般人而言，現實的生活是最為根本必要的，以是大多數人，亦將經濟狀況視為生活的第一要務。然若能細思：唯能有良善正向的心性，才能

真實使生活過得有意義，且因於有佛聖的教誨入心，才能在困境中安然度
過，也才能在優渥的境緣中而把持得住德性。心性之學於人的重要性，是
一般人所難詳知明悟的。也可以說：為人所真正需要的物質，其實是可以
很儉樸的，但心靈的憂煩、不知足，則是一切外在的物質所無法填滿的。
或許也可以說：唯有心性完全充實的人，才能即使是自己一人，亦能感到
充實與自在。

〈藥草喻品〉由藥草漸至藥王的各滿其量

 心量大則所能容受亦大

「迦葉！譬如三千大千世界，山川谿谷土地，所生卉木叢林，及
諸藥草，種類若干，名色各異。密雲彌布，遍覆三千大千世界，
一時等澍，其澤普洽。諸樹大小，隨上中下，各有所受。一雲所
雨，稱其種性，而得生長，華果敷實。雖一地所生，一雨所潤，
而諸草木，各有差別。」

【語譯】迦葉！譬如三千大千世界，山川谿谷土地，所生的草木叢林，
及諸藥草，他們的種類，雖多少不等，名目形色，各各有別，然而為密雲
滿布，陰覆著三千大千世界，一時霖雨等降之際，其潤澤所及，卻是普同
霑洽。各種卉木叢林，都隨其上中下的容量，各有所受的潤澤。一雲所降
的雨，與各種草木的根性相稱，使其各得生長，而開花結果。雖同為一地
所生，一雨所潤，而不同草木卻各有差別。

【釋文】藥草的特點在於治病，各藥草各具特性，故其所能治癒之病
亦各有不同。然藥草及諸卉木，皆由一地所生、為一雨所潤，其地與雨雖
同一，此喻佛唯開一乘法，然各藥草卉木的容受不同，其間有大中小的差
異，此喻佛的大法雨是普覆，但眾學人容受不同，故有三乘學人的不同出
現，唯三乘學人實皆受佛智的引導則無不同。此為《法華經》的「藥草喻」，
簡言之，所謂根器的不同，是意指學人所能接受的法義內容不同，於佛而

言，已將所具有的無量無邊功德全然示諸眾生，此確是佛的本懷本願。

 ## 因勢利導以令皆大歡喜

「未度者令度、未解者令解、未安者令安、未涅槃者令得涅槃。
爾時無數千萬億眾生，來至佛所而聽法。如來於時觀是眾生，諸
根利鈍，精進懈怠，隨其所堪，而為說法。種種無量，皆令歡喜，
快得善利。」

【語譯】眾生有未度苦海的，願令得度；尚未解脫集諦煩惱的，願令
解脫；未能安住於道諦的，願令安住；未得滅諦涅槃的，令得涅槃。此時
有無數千萬億種眾生，都來佛所，領聽法音。如來便於此時，鑒別這些眾
生的根性，誰利、誰鈍、誰精進、誰懈怠，隨其力之所堪，為說種種無量
法門，教他們都歡喜地得到善法的利益。

【釋文】即使是釋尊懷抱著以一大事因緣而出現世間，或是如菩薩般
總以熱誠引導眾生，其所採取的方是唯然只是：因勢利導而已。簡言之，
是依據眾生的各別根性為之引導而已矣！可度者即度之，因緣尚未成熟
者，則以待來時之機。如是的身教言行，對於有心利益他人者，可謂是最
佳的典範：能不因對方的習氣而自我苦惱，能深悟改變的關鍵在眾生的自
覺知與精進用心，自身僅保持超然的立場。眾生習氣的扭轉與否，實非外
力所能及之，唯有一再地告誡勸勉，以令眾生能自知過、自悔過與自改過。

若僅是一味地以強勢態度威迫對方，則往往容易導致因壓力過大而害
怕退縮，以致適得其反。

自我提昇以至漸契佛聖心地

「是諸眾生，聞是法已，現世安隱，後生善處，以道受樂。亦得
聞法，既聞法已，離諸障礙，於諸法中，任力所能，漸能入道。
如彼大雲，雨於一切卉木叢林，及諸藥草，如其種性，具足蒙潤，
各得生長。」

【語譯】這些眾生，聞此法已，現世便得安隱，捨報後，生到好的去
處，這是由於前世聞法修道，所感受的樂果。也可說是：來此聞法，既聞
法已，如說修行，離諸障礙，於五乘法中，任其力之所能，漸漸的入於佛
道。好像那大雲降雨似的，對於一切卉木叢林，及諸藥草，都能隨其種性
的差別，使之足量的蒙受潤澤，而各得生長。

【釋文】所謂的修行，其重點在於改變質地，即如常言的變化氣質，
若氣質不變，即或聽聞甚多的道理，一旦境界現前時，煩惱習氣仍是煩惱
習氣，該如何生死仍是如何的生死，無法轉煩惱為智慧，轉凡夫為佛聖的
境地。例如：一瓶濁水，若僅是將其沉澱而已，其上層雖為清，唯一旦再
翻攪之，自是又恢復其濁；唯有以大量清水不斷地滲透濁水，待其全然轉
清，此時無論如何的攪動之，則其終究是清。將此理用於修行上，則是亦
然如此，多聽多聞是增加「量」，唯有依法修行確然轉變自身的習氣，才
能入得了佛聖的境地，此即所謂的「質」。在現前資訊發達的時代裡，廣
面的聽聞已是不難，難則難在如何的改變與提昇，以至漸漸入道。

 ## 善覺知自身與他人的特質

「唯有如來，知此眾生，種相體性。以何法念、以何法思、以何法修？以何法得何法？眾生住於種種之地，唯有如來如實見之，明了無礙。如彼卉木叢林，諸藥草等，而不自知上中下性。」

【語譯】眾生之所以不自覺知的緣故何在？唯有如來能知此等眾生：宿世的習因之種、現於外在的形貌之相、具於內的智慧之體、自分不改之性。以什麼法為念、什麼法為思、什麼法為修？以什麼法為因，得什麼法的果？隨其習氣的不同，住於種種之地。唯有如來能如實知見，明了無礙；眾生就不然了，他們好像那卉木藥草似的，雖同受一法雨所潤，卻不能自知其上中下的根性差別。

【釋文】為人最困難的就是自我覺知，有時容易受到周遭的一時鼓動而行事，當無法衡量自身的能力所及之時，一旦事發而成不可收拾的局面，往往其下場已然是懊悔所不可彌補的。然有時又適得其反，實然有能力可放手一搏，以引領開創先機，卻在過多的猶豫與徘徊中錯失。顯然，自身所具有的特質，除自我能覺知外，有時是需要被發掘的。如同千里馬，其特質是可日行千里，然不知者，卻將其用於耕田，如是只能葬送其才質，是謂可惜啊！若能恰如其分的發展自我特質，且又能善用他人的長才，共行於無私的利眾之上，則未來果實將可預知是甘甜美好的。

習氣本不定故終可改變

「如來如是一相一味之法，所謂：解脫相、離相、滅相、究竟涅槃常寂滅相，終歸於空。佛知是已，觀眾生心欲，而將護之，是故不即為說一切種智。」

【語譯】如來知此一相一味之法，就是所謂的解脫相、離相、滅相，

乃至究竟涅槃的常住寂滅，終歸於至極之理的第一義空。佛既知此第一義空，何不於鹿苑時，如實而說？那是因為如來觀眾生心欲，力所未堪，而為方便調護，曲順機緣之故，所以不即時為說一切種智。

【釋文】佛的大法語遍佈無量無邊法界，此為佛的「一音」，佛的宣法，眾生各依所求而各取所需、所解，唯佛的法義能令一切眾生得益，此為佛的「圓音」。依佛的一音、圓音而論，則佛的法義是為「一」，亦是「多」，一即代表佛的法義是一相、一味，多則代表佛的法義能令各學人皆受益。然一切法終歸於空，此喻佛的興佈「雲雨」，是依時、地、事、因緣，終有停歇之期，眾生能否信解才是重點，如藥草根性有大中小，容受各有不同，眾生蒙佛法義的引導後，是住有餘涅槃或破無明而開佛知見，其關鍵皆在眾生，故佛終讚聲聞弟子是真佛子，以是而知：眾生終無有「定性」（不可變）的根器，法華的妙旨在言眾生的本願與佛等同，而不僅以現前根器論斷眾生。學人若能確信，只要精進努力，自可降伏貪瞋癡慢疑等習氣，實然沒有不可突破的地方。

 ## 由自利終必漸次至利他

> 「聲聞緣覺，處於山林，住最後身，聞法得果，是名藥草，各得
> 增長。若諸菩薩，智慧堅固，了達三界，求最上乘，是名小樹，
> 而得增長。復有住禪，得神通力，聞諸法空，心大歡喜，放無數
> 光，度諸眾生，是名大樹，而得增長。」

【語譯】聲聞緣覺，在山林下，住於最後身的有餘涅槃，他們聞法修行，得二乘道果，就名叫藥草各得增長。若諸菩薩：智慧堅固，了達三界如幻，求最上佛果的，就名叫小樹增長。更有住於深禪，得神通力，聞說諸法畢竟空寂，心大歡喜，放出無數智慧之光，度一切眾生的，就名叫大

樹增長。

【釋文】在世間的學習上，小學有小學的課程與老師，中學乃至大學，其理皆然如是。不同程度的學生，適當的課程才能使其真實受益而得成長。例如：初入學的一年級學生，若為其講解中年級的課程，不但茫然無法受益，反造成日後學習上的阻礙。然若能按部就班，由小而漸次轉為中、大，依淺近而增為深難，在如是的日積月累的養成之中，則小學生終可成為大學生。顯然，所謂的課程不同，是適應於不同階段的人而設立，但期望一切幼兒皆可成長為大人，此則是一致的。在修學佛聖之學上亦然如是，期望一切學人皆能成就最圓滿的道果，此是佛聖的本然。如同一切的老師，總希望自己的學生能更上一層樓，具有更多的智慧與能力，得以利益更多的人群，此是所有老師的共同願望。

眾生成則我才能得成

「如是迦葉！佛所說法，譬如大雲，以一味雨，潤於人華，各得成實。迦葉當知，以諸因緣，種種譬喻，開示佛道，是我方便，諸佛亦然。今為汝等，說最實事，諸聲聞眾，皆非滅度，汝等所行，是菩薩道，漸漸修學，悉當成佛。」

【語譯】如是迦葉！佛所說的法，就像大雲似的，以一味之雨，潤於五乘人華之因，使之各得結成果實。迦葉！你應當知道，以諸機的宿世因緣，舉種種譬喻，開示佛道，這不但是我釋迦的善巧方便，就是十方諸佛，也是如此。今天我說一椿最真實的事，那就是二乘人所謂的滅度，都非真滅，因為你們所行的斷見思惑，是菩薩道，並非證果，若再漸漸依次修學，當來皆得成佛，那才是真正的滅度。

【釋文】以種樹為譬喻：由播種、耕耘以至發芽、散枝、開花等過程，此中需注入無量的外緣助力，如雨水、陽光乃至除草、疏枝等，無不是為得成果實為目的。此於修學佛聖之學亦然如是，凡一切的布施、持戒、忍辱、精進、禪定、智慧等，無不是為得成圓滿的人格，而所謂圓滿人格的成就，亦必然能視一切眾生皆能圓滿為止盡，若有一眾生不得成圓滿，則佛聖亦不道自身是圓滿的。故所謂聲聞眾以自我斷煩惱為滅度，佛則謂並非是真實的滅度。至此，則知，若不能圓滿他人，則自身亦終將無法圓滿，此為佛的真實說，亦是修學的方向目標。

〈授記品〉小果原是大因的預記成佛

勤修戒定慧則能得授記

「爾時世尊，說是偈已，告諸大眾，唱如是言：我此弟子，摩訶迦葉，於未來世，當得奉覲一百萬億諸佛世尊，供養恭敬，尊重讚嘆，廣宣諸佛無量大法。於最後身，得成為佛，名曰光明。」

【語譯】爾時，世尊說此藥草喻品的偈頌已罷，告訴大眾說道：我這弟子摩訶迦葉，他從今已去，於未來世，當奉事觀見三百萬億諸佛世尊，供養恭敬，尊重讚嘆，以託勝緣，廣為宣揚諸佛的無量大法，以積勝因。以外託勝緣之福，內積勝因之慧，福慧二嚴，於最後等覺之身，得成佛果，別號光明。

【釋文】如上品所言，諸聲聞眾皆非滅度，而是在行菩薩道，故佛為迦葉授與成佛之記。所謂授記，是佛授與行人當來決定成佛的預言。至此則知：若僅以為只要解決自身的問題而已，此是果實成長過程中的小果，然小果是得成大果之因，以是佛為眾弟子取驗當果，故言授記。簡言之，所謂的授記，可以說是修學目標上的確信與確認。於學人而言，目標的明確，將攸關修學的心態；然於另一方面而言，修學的心態亦將決定目標的得成狀況。若能在明確目標的引導之下，修學之心自能安然與淡定，如是的以不退轉之心，再加上外修廣大的福報，且內具深嚴的智慧，當福慧兩具足時，則圓滿的人格養成，則為必然，人格成則是佛格成，故佛終必為

一切學人授與成佛的預記。

信心是修習佛聖之學的關鍵

「爾時大目犍連、須菩提、摩訶迦旃延等,皆悉悚慄,一心合掌,
瞻仰尊顏,目不暫捨,即共同聲而說偈言:大雄猛世尊,諸釋之
法王,哀愍我等故,而賜佛音聲,若知我深心,見為授記者,如
以甘露灑,除熱得清涼。」

【語譯】當佛授迦葉記已竟之時,大目犍連、須菩提、摩訶迦旃延等
三大聲聞,卻惶懼得悚慄不安,乃一心合掌,瞻仰著佛的慈容,目不轉睛,
異口同聲的說道:大雄猛世尊,諸釋之法王啊!為哀愍我之故,賜予「聲
聞作佛」的慈音,而今卻不預於授記之列,我們怎能不心起熱惱!若蒙如
來證知我等回趣大乘的深心,而賜予授記,那就好像以甘露潤心,頓除熱
惱而得清涼了。

【釋文】在修習佛聖之學的過程中,信心的堅定與否是一重要的關
鍵,此乃因於:佛聖之學是一門心性之學,心性的修養於人生活、生命與
生存的重要性,此非一般人所可體證而得。對於多數人而言,能生活安定
足以養家餬口,大抵已多可滿足。然修習心性之學所得到的無價之寶,例
如:持戒、安忍、慈悲、智慧與利他等,此非常人所能確然有信心的行持。
即或已然有心入於佛聖之門,於修習的過程中,仍需有更多強而有力的確
認,才能增長自信心,以至,即或佛已說明「聲聞是菩薩行,終將成佛」,
於學人仍是存疑而無法深信,故必再仰賴佛的授記。至此,或可反身自問:
「我有真實的信心否?」此是修習佛聖之學的關鍵。

轉變觀念則能變化氣質

> 「我等亦如是,每惟小乘過,不知當云何,得佛無上慧。雖聞佛
> 音聲,言我等作佛,心尚懷憂懼,如未敢便食,若蒙佛授記,爾
> 乃快安樂。大雄猛世尊,常欲安世間,願賜我等記,如饑須教食。」

【語譯】我們也是這樣的,每因思惟小乘的過失,幾不知如何才能得到無上佛慧。雖曾聞佛音聲,說我等聲聞作佛,然猶心懷憂懼,好像饑人忽遇王饍,未敢貿然受食一樣。倘若蒙佛授記,那我們就快樂安隱了。大雄猛世尊,常常想安隱世間眾生,惟願垂賜我等當來得果之記,如同饑人須王教命而後受食一樣。

【釋文】佛聖的教義開演,總體一句而曰:肯認眾生皆有本具最真、最善、最美的本性,此於儒曰:「人之初、性本善」;於佛的宣說:「大地眾生皆有如來智慧德相,但因妄想執著而不能證得」,如是的教誨,皆在說明:佛聖是由人而成,並非從天而降,只要勤於修學,改變習氣,則佛聖本是一切眾生的本來面目。為人即或有與天具成的不同性格,如是的性格養成,實乃因於一切身口意所行,而留下的痕跡(能量)。換言之,性格是因於後天的習染所成,若能透過教育,在不斷地熏習之下,習氣、性格是可以改變的。而教育就是一種經驗的傳承,我們可以透過教育,學習自身無法經驗到的觀念與想法,一旦觀念、想法得以轉變,則習氣、性格亦終將不同。

依於名號以見特德的呈現

「爾時世尊，知諸大弟子心之所念，告諸比丘：是須菩提，於當
來世，奉覲三百萬億那由他佛，供養恭敬，尊重讚嘆，常修梵行，
具菩薩道。於最後身，得成為佛，號曰名相。」

【語譯】爾時，世尊知道三大弟子的深心所念，在迴趣大乘，乃告訴
諸比丘說：此須菩提，於未來世，奉覲三百萬億那由他諸佛，供養恭敬，
尊重讚嘆，常修梵行，具足了自利利他的菩薩大道。於菩薩最後等覺之身，
得成為佛，別號名相。

【釋文】佛法特重因緣果，依於因地的不同修行方式，以至得成的佛
果亦各有其特質，此即是諸佛各有其不同的別號。如：須菩提，以解空第
一，了一切法，並非實有，但假名相，故其成佛，以「名相」為號。須菩
提以解空第一為名，此並非意謂其他弟子不能解空，實然所謂的第一，就
是特質之意。須菩提以能解空為其特質，於佛法的修證而言，證得空性則
意謂已能明瞭宇宙人生的事實真相。因此，對於世俗人而言，僅可勸勉其
把握當下而已。然對於已證得空性者，則知實然是「當體即空，了不可得」，
凡一切存在皆是剎剎那那的生生滅滅，實然無有一物可得，其早已破除
我、法二執。然真能證得空性者，又絕非是消極的避世，反因能體證並無
有單獨的存在，因而積極入於群體中，以行菩薩道而自利利他。

供養眾生即是禮敬諸佛

「爾時世尊，復告大眾：我今語汝，是大目犍連，當以種種供具，
供養八千諸佛，恭敬尊重。諸佛滅後，各起塔廟，以金、銀、琉
璃等，以用供養。過是已後，當復供養二百萬億諸佛，亦復如是。
當得成佛，號曰多摩羅跋旃檀香。」

【語譯】爾時世尊復告大眾道：我今天告訴你們，這大目犍連，於當來之世，以種種修供的資具，供養八千諸佛，恭敬尊重。迨諸佛滅後，各起塔廟，而以金、銀、琉璃等，用作供養。過此已後，當更供養二百萬億諸佛，也一樣的恭敬尊重，起建塔廟。當來得成佛果，別號多摩羅跋旃檀香。

【釋文】諸佛的名號各有其別，此是其因地修行的特德呈現；然需歷劫多生的布施、持戒、忍辱、精進、禪定、智慧，以供養無量億數的諸佛，此則無有差異。此中，所謂供養無量億數的諸佛，即是協助成就無量億數的群生，因於，一切眾生皆有佛性，於三惡道亦然如是。若依於現前的修行而論，學人首先可以力行的就是素食與護生，能善待並尊重一切生命的存在權，如世俗所言：「欲知世上刀兵劫，但聽屠門夜半聲」，人類若無法尊重其他動物的生命存在，則人類終將在各種征伐中而自食惡果。且觀現今國際之間的戰爭，由其所引發一連串的難民問題等，或許能使人類重新省視我們的所行與所為。

 ## 理境的契入與菩薩的行事

「世尊告諸大眾：我諸弟子，於最後身，皆得成為佛。名曰：如來、應供、正遍知、明行足、善逝、世間解、無上士、調御丈夫、天人師、佛世尊。」

【語譯】世尊告訴大眾說：我所有弟子們，於最後等覺之身，皆當得成佛果，通名叫做：如來、應供、正遍知、明行足、善逝、世間解、無上士、調御丈夫、天人師、佛世尊。

【釋文】依於因地的修行方式與願力不同，故諸佛各有其不同的別號，此是諸佛各自特德的呈現。唯一切諸佛亦有其共同的德性，此乃意謂

成佛必有其應當具足的願行，此即謂之通名。若以世俗的科系而論，於一學門之中，有列分必修與選修的科目，必修科是人人皆要選讀完成，始能通過學門的認定。於修習佛聖之學而論，十號通名的具足，則代表一切德性的完成。佛具涵萬德莊嚴，其是往來自在與無所不遍，此於現實生活裡，則意謂唯有深入眾生的生命始可成就之。顯然，所謂成佛，並非是自我立於理域的境界而已，唯有以其具有的智慧、能力與慈悲，協助所有眾生亦完成佛道為止，故尚有一眾生未得度，則也沒有個人的成就之時。若以理與事為論，悟道是一理境的契入，然所行則必當是菩薩之事。為人若能為利他而自我精進不懈，於此，則人生的價值與意義，亦將在修學佛聖之道中而安然與自在。

因於本願宿緣皆當授記成佛

「我諸弟子，威德具足，其數五百，皆當授記，於未來世，咸得成佛。我及汝等，宿世因緣，吾今當說，汝等善聽。」

【語譯】我諸弟子，威德具足的人，其數尚有五百，都應當授與未來成佛之記。我同你們的宿世因緣，於今當說，你們要好好的聽著。

【釋文】佛法特重因緣果，論因果大抵有五大原則：因果通三世、因果不空、因小果大、善惡不同時、善惡不相抵。一、因果通三世：現前所造的因，即或當前尚未呈現，其亦將影響至未來世，且所謂的三世，並非是數字的三，而是意指無量世，或有今生行善，卻得惡報，則可上推至前世的業因造作，以是學人當有前後眼，即意謂要能明瞭前因與後果。二、因果不空：萬法在時空間的遷流變化中終究成空，顯然，空是依於因緣的變化而論，並非一無所有，以此而論因果有其「相似相續相」，故言「萬法皆空，因果不空」。三、因小果大：由小種子是可以長成大樹的。又例

如：小火苗可以將整片森林燒盡，因此，萬不可輕忽小因，於善惡皆然，故有「勿以善小而不為，勿以惡小而為之」的警語。四、善惡不同時：即或眼前呈現善果，亦不需歡喜，只因惡報尚未呈現而已；同理，觀得他人正受惡報，也不可輕視他人，實然其人的惡報先現前而已。五：善惡不相抵：種善因得善果，種惡因有惡報，一切善惡之行，皆將在因緣具足之下而各自呈現。

〈化城喻品〉設二涅槃是中道止息並非真實

 由久遠之願至現前之行的連結

「佛告諸比丘：乃往過去無量無邊不可思議阿僧祇劫，爾時有佛，
名大通智勝如來。其國名好城，劫名大相。諸比丘！彼佛滅度已
來，甚大久遠。我以如來知見力故，觀彼久遠，猶若今日。」

【語譯】佛告諸比丘：已往無量無邊不可思議阿僧祇劫，有佛出世，
名大通智勝如來。其國名叫「好城」，劫名「大相」。諸比丘！自從彼佛滅
度以來，時間很久遠了。我以如來無礙智的知見之力，十世古今不離當念，
觀彼無量塵劫的久遠，猶若今日。

【釋文】細悟佛的親證所言：「甚大久遠，猶若今日」，此於修行而論，
則是如何維持一念的恆常，然一般常人有可能前一念是善念，於下一念又
產生惡意，善惡轉移的快速，有時連自己也無法掌握。因此，若能將一念
善心持續永恆，此或可言能於佛聖之門下修學。更何況人尚有隔陰之迷，
所謂陰即是意指吾人的五蘊之身，簡言之；換個身體，則前世的記憶已然
忘懷。即或得遇善知識，若不能及時掌握機遇，並再努力修學熏習，則本
已然所具有的善根，亦會在今世的貪瞋癡慢疑中而幾難以復明。以是，所
有的諸佛菩薩，即或一世因緣結束，亦一念心繫要趁願再來，但以自身的
願力能持續永恆為念，不要因享修學之福而導致可能帶來的迷惑。若能細
思此理：才能使自己的修學只為利他而已，其餘實然無有一事。

魔軍在己身不在外面

「佛告諸比丘：大通智勝佛，本坐道場，破魔軍已，垂得阿耨多
羅三藐三菩提，而諸佛法不現在前。如是一小劫乃至十小劫，結
跏趺坐，身心不動，而諸佛法猶不在前。諸比丘！大通智勝佛，
過十小劫，諸佛之法乃現在前，成阿耨多羅三藐三菩提。」

【語譯】佛告諸比丘：大通智勝佛初坐道場，破了前來妨道的魔軍之
後，將得阿耨多羅三藐三菩提時，而諸佛之法不現在前，難成正覺。如此
經一小劫乃至十小劫之久，結跏趺坐，身心不動，那諸佛之法，還是不現
在前。諸比丘！大通智勝佛，經過十小劫之後，諸佛之法，始現在前，成
就了阿耨多羅三藐三菩提。

【釋文】佛法的最終成就，稱為無上正等正覺，更為明白的說就是：
在與一切的人事物相處上，能令各方面皆得圓滿。且觀一切處世相應之
法，諸佛菩薩各有其特德的教誨，亦可言：於法的修學上，是各有其不同
的重點方式，然為人則必須圓滿具足的成就一切法，始可謂是成佛。因此，
當諸佛之法尚未修學完成，亦意謂著智慧、德性、能力等仍有不足，故必
須在無量劫中再力求精進以達無缺無礙。唯於修學的過程中，學人首先要
破除的魔軍並非在外，全然就是自己的貪瞋癡慢疑等，顯然，自己才是自
己的最大敵人，戰勝自己才是智者，若自身已然放棄，則即或是諸佛菩薩
亦無可奈何。

知眾生之性才能與之相處度化

「世間無有二乘而得滅度，唯一佛乘得滅度耳。比丘當知，如來方便深入眾生之性，知其志樂小法，深著五欲，為是等故，說於涅槃，是人若聞，則便信受。」

【語譯】因為世間沒有二乘滅度之理，唯有這一佛乘的法華，可得滅度啊！比丘當知，如來以方便權智，深知眾生習性，志樂小法，著於五欲塵境，為此等小機，不堪大法之故，假說二乘涅槃。此小機人，若聞此法，就信而受持了。

【釋文】且觀現今的世界危機，源於物質匱乏的層面其所佔比例是較為小的，真正的關鍵是出於人心的貪欲不足所致。也可以說：若真能得有心性的滿足，則對物質的需求實然僅是微少的部分而已。就以現前臺灣因於地震的災難，物質的援助可以甚為快速的到位，然當階段性工作告一段落之後，對於有關防震甚至都更的問題，幾年下來仍究無法有效地進行。細觀此中的原因在於：多數人面對老舊房屋要都更時，只想著自家的坪數要多一些、錢要少付一些、位置要好一些等，唯當各自以私利為考量時，無法以全體的公共安全與周遭環境的提昇為考量，以是，在不能取得全體的共識時，則一切行事也只能延宕再延宕了。顯然，如何在與眾生的溝通中，能適時地或言之以理、或動之以情，其間有警醒、也有感性，簡言之；如何才能深入眾生之性，此正考驗著主事單位的智慧與能力，然想來：又甚為不容易啊！

適度的調整休息以利長遠之行

「譬如五百由旬，險難惡道，曠絕無人，怖畏之處，若有多眾，欲過此道，至珍寶處，有一導師，聰慧明達，善知險道通塞之相，將導眾人，欲過此難。所將人眾，中路懈退，白導師言：我等疲

極，而復怖畏，不能復進，前路猶遠，今欲退還。」

【語譯】譬如：有五百由旬，這麼遠的險難惡道，荒漠空曠，絕無人煙，可怕得很！若有許多群眾，想度過此道，到一有珍寶之處；由一導師，聰慧明達，善能測知這險難惡道的通塞之相，領導著眾人正要度過此難；不料行至中途，其所領導的人眾，忽然畏難欲退，告導師說：我們疲勞已極，更加恐怖，不能再繼續前進了，前路距寶所尚遠，現在我們想退回原地。

【釋文】遇難興退可謂是人之常情，更何況若尚距離目標遙遠，且再加上缺乏動力，或原有的理想已消失等，如是，都將加快退還的可能性。人要一本初衷、始終如一，實然甚為不易，尤其所面對的困境是現前難以突破的，又更是難上加難。唯能先確認此目標是此生必當行的，也是未來生生世世皆必當行之，在心態堅定之下或才有可能以耐心待因緣的成熟。或許可自問：對於佛聖之學是否能明確其目標與意義，此將攸關學人的前進意志，然如是的心懷，又非淺近資質者所可臻至。唯在修學的過程中，適度的調整或休息，皆是有利於未來走更長遠的路。

 ## 於目標的一再確認與提醒

「導師多諸方便，而作是念：此等可愍，云何捨大珍寶而欲退還。作是念已，以方便力，於險道中，過三百由旬，化作一城，告眾人言：汝等勿怖，莫得退還，今此大城，可於中止，隨意所作，若入是城，快得安隱，若能前至寶所，亦可得去。於是眾人前入化城，生已度想，生安隱想。」

【語譯】導師原有許多方便權巧，一聽說眾人畏難欲退，不禁悲心念

道：此等人實在可憐，為什麼捨了前面的大珍寶，而欲中途退還呢？這樣念罷，隨即以方便之力，在險難道中過了三百由旬之處，變化一座大城，向眾人宣說：你們不要害怕，不要退回，這座大城可以隨便進去休息，若進此城，那就能得安隱了；若由此城前往寶所，也可以去得，你看有多麼方便。於是眾人便進入化城，生起了已竟得度，及安隱之想。

【釋文】化城之化是暫化之意，故化城並非真實，佛以化城喻為二涅槃，實為說明並無有二涅槃之說。佛的演法其真實義只有究竟佛乘，除此，皆為方便說，佛開方便說，實為眾生於修證佛道上，於無法譬數之劫中，對於佛果的取證，能不生疲厭心，故特設休憩站的涅槃說。於修證佛道而言，所謂滅度，只有佛乘可得，餘乘則無有取證滅度與否的問題，因佛的演法向來只有一佛乘，並無有其他的諸乘，既不存在有聲聞二乘，故所謂聲聞弟子欲取滅度入於涅槃，則為幻化不實。

 ## 佛慧在於念念相續、無有疲厭

「佛知是心，怯弱下劣，以方便力，而於中道，為止息故，說二涅槃。若眾生住於二地，如來爾時，即便為說：汝等所作未辦，汝所住地，近於佛慧，當觀察籌量，所得涅槃，非真實也，但是如來方便之力，於一佛乘，分別說三。」

【語譯】佛知此輩之心，怯弱下劣，在直往佛道的中途，為使暫時止息之故，說二乘涅槃。若有眾生住於這二乘涅槃之地，佛於此時，便為他說：你們所應作的事，還沒有究竟辦到，所住的二乘之地，已接近佛慧，何可廢止？當諦審觀察，籌度思量，你們所得的涅槃，並非真實，那不過是如來以方便之力，於唯一佛乘，隨機分別，假說為三乘而已。

【釋文】佛得證阿耨多羅三藐三菩提，實已超越一切時、空間的設限，

其行願是「念念相續，無有疲厭」，此即為佛菩薩的心志。唯於眾生而言，遙遠而不見終境的修證，是令人生畏懼的，一旦起畏懼，則難再向佛道上而行，此即佛設二涅槃為化城的用意。待眾生住於二涅槃時，再聞佛的熏習，明二涅槃並非真實究竟地，且實然無有二涅槃，唯二涅槃已近寶處（一佛乘），當眾生住二涅槃已訖，佛再引眾生出化城以達佛境，此即為佛的本懷。對於修習佛聖之學而言，實然無有所謂的中站休息，在自利利他之行中，唯有更為圓滿才是究竟的目標。

 ## 全體共成共榮是為究竟地

「如彼導師，為止息故，化作大城，既知息已，而告之言：寶處在近，此城非實，我化作耳。」

【語譯】就像那導師似的，為暫時歇腳之故，於險難道中，化作一座大城，既知大眾喘息已定，便告訴他們說：寶處近在目前，這大城並非實城，不過是我變化所作而已。

【釋文】佛設有二涅槃，此即為化城的用意，待眾生能住於二涅槃，再聞佛的熏習，明了佛道無有二涅槃，唯二涅槃已近寶處（一佛乘），但並非真實究竟地，當眾生住二涅槃已訖，佛再引眾生出化城以達佛境，此為佛的本懷。以是〈化城喻品〉的文末云：「諸佛之導師，為息說涅槃，既知是息已，引入於佛慧。」若以世俗為喻，則有如馬拉松競賽，因其路途遙遠，所需的體力、意志力皆在考驗著跑者，以是在競賽的路程中，沿路多設有補充休憩站，可令選手補充水分，或稍短暫休息，然在目標尚未達到之前，所有的選手皆不會以休憩站為最終的目標。於佛道的修習上，《法華經》所論的二涅槃之說，是為聲聞、緣覺者而設，然佛道目標已近在眼前，故再向前行即是真實地。此則恍若船行江面上，當已過江水一半

時，則無有再回頭之理，此時，只能毅然向前筏行而已。於佛聖之學而論，並沒有個己已得度脫之事，唯有全體共成、共榮而已矣！

〈五百弟子受記品〉弟子俱時在會、同述領解、盡同一號

 以解行並重而示導於人

「爾時佛告諸比丘：汝等見是富樓那彌多羅尼子不？我常稱其於
說法人中，最為第一；亦常歎其種種功德，精勤護持，助宣我法，
能於四眾示教利喜，具足解釋佛之正法，而大饒益同梵行者。自
捨如來，無能盡其言論之辯。」

【語譯】此時，佛告諸比丘道：你們見到這富樓那彌多羅尼子了嗎？
我常稱讚他辯才無礙，在說法人中，最為第一；也常稱他有種種權實功德，
精勤不懈的護持佛法，輔助宣化，能於四部眾中，開示教導，使他們得到
利樂，具足對佛正法的辯解，而於同修梵行的人，大有饒益。除如來外，
沒有那個能窮其言論之辯的。

【釋文】佛法總論有三大布施：財施、法施、無畏施，其中又以法布
施為最殊勝、為最大的供養，且所謂的供養佛，實然就是能依法修行。以
是，若能助佛宣法，使眾生能入法、入心，一旦能契入佛聖的心性修學之
路，則物質的需求實然是甚為微小的。且若能細心觀之：人心欲求的不足，
才是一切的問題所在，而想解決人心的問題，實然只能由心性修養入手。
唯於說法者而論，任何的一場演說，或許能造成一時若干的感動與影響，

然若說法者能確然精進於修持上，以達解與行並重，當行得一分時，則其所解將更增二分，唯當能如是的精進，才可謂為是「助轉法輪」，且以自我的修學心得為演說，也才能真實示導於人。

心靈滿足源於待人處世的心態

「法明如來佛以恆河沙等三千大千世界為一佛土。七寶為地，地平如掌，無有山陵谿澗溝壑。七寶臺觀，充滿其中。諸天宮殿，近處虛空。人天交接，兩得相見。一切眾生，皆以化生，無有淫欲；得大神通，身出光明，飛行自在；志念堅固，精進智慧。其國眾生，常以二食：一者法喜食，二者禪悅食。」

【語譯】法明如來佛以恆河沙等之多的三千大千世界，為一佛土。其地以七寶嚴飾，平正如掌，沒有險阻的山陵，斷絕的谿澗與溝壑，但有七寶所成的臺樹寺觀，遍滿國中。諸天宮殿，都安住在接近地面的虛空，人、天交往，互得相見。一切眾生，都是化生，非由淫欲；得大神通，身出光明，飛行自在；志願堅固，精進不懈於般若智慧。其國眾生，又常以二種道糧為食，以資養法身：一種是由聞法而生的法喜食，二種是由禪定而生的禪悅食。

【釋文】在現今物質豐富的時代裡，依據統計得知：內心常感孤單寂寞的人，其比例是佔有多數的，顯然，物質的滿足，實然無法徹底解決人類真正的問題所在。此中所提出的二食（法喜食、禪悅食），是一種發自內心的喜悅與滿足感，全然不涉及至名利、金錢與權勢等。簡言之，一旦是有所求的對價關係，實然就會產生壓力與緊張，而心靈的滿足，是一種最自然、輕鬆的相待方式。想來：若要令自己常得歡喜自在，首要調整就是自己待人處世的心態。

同願、同行以得同證、同號

「於此眾中，我大弟子憍陳如比丘，當供養六萬二千億佛，然後
得成為佛，號曰普明、如來、應供、正遍知、明行足、善逝、世
間解、無上士、調御丈夫、天人師、佛世尊。其五百羅漢等，皆
當得阿耨多羅三藐三菩提，盡同一號，名曰普明。」

【語譯】在這大眾中，我的大弟子憍陳如比丘，他當來供養六萬二千
億佛，然後得成佛果。別號普明，通號：如來、應供、正遍知、明行足、
善逝、世間解、無上士、調御丈夫、天人師、佛世尊。其餘的五百羅漢等，
都應當得阿耨多羅三藐三菩提，和憍陳如比丘，同一名號，叫做普明。

【釋文】佛為諸聲聞大弟子而授記，又為五百弟子授記，唯《法華經》
分授記與受記，授記之授是指佛之「授予」，是以佛陀為立場；受記之受
為「接受」義，是以弟子為立場。雖言有授記與受記的不同，但於未來世
是否能得證佛果的記別，實皆須仰賴佛的授記，故五百弟子亦終需待佛的
預記成佛。佛授記的對象，是涵蓋一切其他經典中所曾論及的範圍，此因
唯在《法華經》是以極遠的本願與究竟的佛果為論，故佛為其一切弟子授
記，且兼之為阿羅漢授記終究證得無上正等正覺。佛如是不同往昔經典的
授記方式，正是要弟子們確然明白：佛實未曾滅度。凡一切的修習學人，
若能同願、同行，則將能同證，以得同號。

代為宣說以助轉法輪

「迦葉汝已知，五百自在者，餘諸聲聞眾，亦當復如是，其不在

此會，汝當為宣說。」

【語譯】迦葉！你已竟知道這五百羅漢得記之事了，其餘的七百聲聞，也應當如此。但他們或因故未預此會，你應當代為宣說。

【釋文】《法華經》的殊勝處，在佛終是以開示眾生入佛知見為最關鍵處，佛的授記亦只為斯事而不為其他。依佛的本懷，一切眾生的本願皆是證成阿耨多羅三藐三菩提，然又為何現象世界中有菩薩、緣覺、聲聞等的差別，此乃因於眾生樂著小法，又因去聖久遠，不明本願，菩薩為化緣覺、聲聞，故「內秘菩薩行，外現是聲聞」，以是方便善巧而度脫無量眾，令其得證佛果。於佛而言，所謂聲聞弟子僅是暫時的身相不同，實於佛的本懷而言，一切眾生皆本是佛，故當佛為富樓那授記得證佛果後，其他弟子亦為佛所授記。若能與會而得蒙佛前授記，此是殊勝的因緣，然尚有未能即時與會者，又或是生於佛世之後者，佛亦特許迦葉代為傳承宣說。以是而知，即或現今已離佛世甚遠的時代，如何代為推轉法華妙旨，明示一切眾生本來是佛，以引領一切眾生返歸純善的本性，於日用間能斷一切惡、行一切善，如是則與諸佛同願、同行，若真能如是，則可謂為「佛即是我，我即是佛」。對於修學者而言，能代為宣化以助轉法輪，實是修學的重要功課之一。

 ## 探索自性寶藏的無限力

「世尊！譬如有人至親友家，醉酒而臥。是時親友，官事當行，以無價寶珠繫其衣裏，與之而去。其人醉臥，都不覺知，起已遊行，到於他國，為衣食故，勤力求索，甚大艱難，若少有所得，便以為足。」

【語譯】世尊！譬如：有人到親友家裡去參加宴會，飲酒過量，醉臥不醒。這時，他的親友，要到別處去執行公務，不暇照料，於是以一顆無價寶珠，縛在他的內衣裡，匆匆而去。此事，他正在醉鄉，都毫不覺知。所以到他酒醒起來以後，便遠遊他國，為求衣食，受盡了勤苦辛勞的很大艱難，偶然有點小小收穫，就以為很滿足了。

【釋文】此即是「繫寶珠譬喻」：以醉臥的人都不覺知，以示一切眾生在散亂中所生的增上慢心自不覺知，故於佛教化的一切尋即廢忘而不知不覺。正因自身已有寶珠而不覺知，以至為衣食故，而勤力求索，甚大艱難。世尊藉由此喻在說明：向外追求，終有困窮之時，唯向自性的寶藏探索，才能源源不絕。人生正因無法找到無限寶藏的入口，故人生易陷於茫然無措中；唯一切眾生本來是佛，若自謂滅度，此即是有限，此即是艱難。今佛於《法華經》開示：「實無滅度」，此即是無限，此即是自在。一切眾生若能向本具的自性寶藏開發，則必將發現：原來大地一切眾生皆具有無限的開發力，實然與佛等同無異。

以回歸本願為修證的目標

「佛亦如是，為菩薩時，教化我等，令發一切智心，而尋廢忘，不知不覺。既得阿羅漢道，自謂滅度，資生艱難，得少為足，一切智願，猶在不失。今者世尊覺悟我等，作如是言：諸比丘！汝等所得，非究竟滅。我久令汝等種佛善根，以方便故，示涅槃相，而汝謂為實得滅度。」

【語譯】佛也是這樣的，在作菩薩的時候，曾教化我們，使我們發平等正觀的一切智心。可是，我們根鈍，不久就廢棄忘失，不知不覺了。及至得了阿羅漢道，便自以謂是究竟滅度，雖因解脫法縛的資生艱難，隨以

得少為足；而昔日所發的一切智願，至今猶在，並沒有缺失。今天世尊為使我們覺悟宿因、當果，這樣說道：我從久遠劫來，為令汝等種佛善根，故以方便之力，示以小乘的涅槃之相，而汝等不知，竟認謂是實實在在的得了滅度。

【釋文】阿羅漢亦可蒙佛授記得證佛果，此於聲聞心態的小智者是難以想像的，然當佛確然為其授記後，始知原一切眾生本應得如來智慧，故若以阿羅漢的究竟滅度為極果，此與佛智的相較則成為無智者。佛於《法華經》中為阿羅漢授記，實為引小（阿羅漢）入大（菩薩），而阿羅漢與菩薩本實無分小或大，依一切眾生的遠劫本願，實無菩薩與阿羅漢的界分，阿羅漢之所以自以為已得滅度，實是於修證歷程中以得少為足，而忘懷本願所致。

佛慧成於法界全體圓遍時

「我等亦如是，世尊於長夜，常愍見教化，令種無上願，我等無智故，不覺亦不知，得少涅槃分，自足不求餘。今佛覺悟我，言非實滅度，得佛無上慧，爾乃為真滅。我今從佛聞，授記莊嚴事，及轉次授決，身心遍歡喜。」

【語譯】我們也同那窮人一樣，常蒙世尊於無明長夜，憐愍教化，令我們種菩提大願的無上佛種，而我等沒有大智，對宿世稟教因緣，不自覺知，隨以得少分的偏空涅槃，謂為滿足，不更求其餘的究竟滅度了。今佛覺悟我們，說偏空涅槃，非實滅度；唯有證得了佛的無上菩提，那才是真正滅度。我們今天親從佛聞，予諸大弟子授記的莊嚴之事，及轉次授予我等決定作佛的記別，身心都充滿著歡喜暢快。

【釋文】一切眾生本來是佛，此為佛義的決定說；亦因肯定眾生與佛

的本智願無別，且終不散失，故眾生即使墜入三塗苦，或成壹闡提，然其自性終究無所謂斷或不斷的問題，其本智願亦無所謂失或不失的問題，以是壹闡提終可成佛，九法界眾生亦終可得證阿耨多羅三藐三菩提，如是的論點雖言是《法華經》的殊妙處，實亦是整體佛法義最終的肯定。亦可言：阿羅漢與菩薩之別，並不在根本的智願上，而在其心態以得少為足上，問題既不在本源上，則只要有善巧方便法，終可使蒙垢的寶珠，再現光輝，法華以佛授記為眾生的本願呈顯圓盡，此是《法華經》的真實義。

〈授學無學人記品〉研理斷惑之學、理窮惑盡之無學同可授記

 往昔深種善根以成今日的願滿

「爾時阿難、羅睺羅，而作是念：我等每自思惟，設得授記，不亦快乎！即從座起，到於佛前，頭面禮足，俱白佛言：世尊！我等於此亦應有分，唯有如來，我等所歸。又我等為一切世間、天、人、阿修羅所見知識，阿難常為侍者，護持法藏，羅睺羅是佛之子，若佛見授阿耨多羅三藐三菩提記者，我願既滿，眾望亦足。」

【語譯】阿難和羅睺羅二人，作這樣念道：我們每自思惟，假使得授佛記，不是也很快樂嗎？想著想著，便從座位上起來，到佛前頂禮，同聲言道：世尊！我們在這授記數中，也應當佔一分子，有兩種理由：一、唯有成就如來，才是我們的歸趣，怎能同聲聞一樣的終滯小果？二、我們為一切世間、天、人、阿修羅等所見、所知、所識，因為阿難在佛左右，常為侍者，護持法藏；羅睺羅，是佛的親生愛子。倘若蒙佛見憐，授予阿耨多羅三藐三菩提記，我們的大願既滿，也就無負於眾望所期了。

【釋文】阿難為佛的侍者，於法最為多聞，理應最先蒙佛授記，然事實不然，此乃因於佛法是以實地修證為要，非以多聞講說為上。阿難於佛弟子中，是以多聞第一為稱，唯其多聞心態是與當時隨侍佛故有關，此為

暫時的因緣際會。羅睺羅為佛的長子，於佛的弟子中以密行第一為稱。顯然，事出必有其因，唯有能於往昔深種善根者，才有今日請記的可能。

 ## 學不待學之學與契入本願的無學

「爾時，學無學聲聞弟子二千人，皆從座起，偏袒右肩，到於佛前，一心合掌，瞻仰世尊，如阿難、羅睺羅所願，住立一面。」

【語譯】此時，有學、無學聲聞弟子二千人，都從座位上起來，偏袒右肩，到佛前，一心合掌，瞻仰著世尊的慈容，也像阿難和羅睺羅的願望一樣，站立在一面，以待佛授記。

【釋文】佛的授記是一種肯定，以修證佛法者而言，能得佛的授記成佛，實遠勝一切的通經明典、辯才無礙、神通自在。《法華經》中佛為眾聲聞弟子、阿羅漢授記，除此亦廣面為學與無學人授記，且別立一品。如智顗大師於《法華文句》上所論：「研真斷惑名為學，真窮惑盡名無學。」學與無學之義，簡言之：學代表尚處於行修的階段，無學代表學已臻至極。若以阿難多聞代表學，而羅睺羅密行可代表無學，然所謂學，依佛意必非是向外學多聞之學，而是「學不待學之學」；而所謂無學，亦非不學，而是學契入本願的無學。顯然，一切的修證者，皆可涵括在學與無學人中。於修學者而言，「勤修戒定慧，息滅貪瞋癡」，此是修學的初步必要，在此之中，以成就無量功德則需仰賴精進，換言之；精進實然又勝過多聞。唯當一切多聞與精進等皆能得自在，再將一切所修習的執著、分別、妄想全然放下，以呈顯自性本具的「如來真實義」，至此，才能謂之不需學。

成就他人才能有自身的圓成

「爾時佛告阿難：汝於來世，當得作佛，號山海慧自在通王、如
來⋯⋯佛世尊。當供養六十二億諸佛，護持法藏，然後得阿耨多
羅三藐三菩提。教化二十千萬億恆河沙諸菩薩等，令成阿耨多羅
三藐三菩提。國名常立勝旛。劫名妙音遍滿。其佛壽命無量千萬
億阿僧祇劫。」

【語譯】佛在學、無學等請記已竟之時，告訴阿難：你到來世，當得
作佛，別號：山海慧自在通王。通號：如來⋯⋯佛世尊。你應當供養六十
二億諸佛，護持法藏，然後因圓果滿，方得阿耨多羅三藐三菩提。更復教
化二十千萬億恆河沙數一切菩薩，使他們都成無上正等菩提。佛國的名
稱，為常立勝旛。劫名為妙音遍滿。佛的應身壽命，有無量千萬億阿僧祇
劫。

【釋文】依修行而論，且觀佛為諸聲聞弟子授記後，佛亦為阿難授記。
於《法華經》的授記上，雖有別分不同的品目，由諸聲聞、阿羅漢、學與
無學人，品目各有不同，卻層層擴展其授記範圍，簡言之；依一切眾生的
本願而論，實然一切眾生皆本可得佛的授記。即或有別號、國名、劫名、
壽量等的不同，但一皆需先修無量功德，且能教化一切眾生，則為一切授
記的共通點。顯然，修行授記的重點，在於自身能具備足為他人的典範，
並依自身的德性、智慧與能力等，在不同的環境、人事裡，以善巧方便地
影響他人，亦令他人能有所成就，是為自身的真成就。

有形的努力與無形的因緣

「爾時世尊曰：諸善男子！我與阿難等，於空王佛所，同時阿耨
多羅三藐三菩提心，阿難常樂多聞，我常勤精進，是故我已得成
阿耨多羅三藐三菩提，而阿難護持我法，亦護將來諸佛法藏，教
化成就諸菩薩眾，其本願如是，故獲斯記。」

【語譯】世尊說：諸善男子！我與阿難和諸聲聞等，曾在過去久遠之
世的空王佛所，同時發無上正等覺的大菩提心。然而，阿難常樂多聞，止
於知解；我則常行精進，兼修萬行。因此，我已得成佛果；而阿難不但於
今世護持我法，而且也護持將來諸佛的法寶之藏，教化成就諸菩薩眾。他
的本願是如此宏深，所以才能得了如此的菩提道記。

【釋文】此段是因新發意菩薩，對於聲聞授記之事產生疑問，世尊特
為釋菩薩眾疑。對於人與人乃至人與環境之間的關係，佛特為明示：有無
量的時、空間，正因於能透悟無量世的因緣，才能觀得現前的呈顯結果，
絕非僅限於今世的努力所得。亦可言：學人若於無量因緣能漸有所領悟，
則一切貪欲、嫉妒、瞋恚、傲慢與不平不滿等，皆將降低甚多。唯於常人
而言，只能觀於現前的努力因素，且以為一分努力、一分收穫，此理是為
當然。然細觀一切事情的成就，實然全非只是有形的助力而已，尚有甚多
無形的條件以促成之。以是常人有言：「謀事在人，成事在天」，顯然，能
安於因緣亦是修學者的功課之一。

 ## 利他的第一步在願承擔、扛責任

「爾時佛告羅睺羅：汝於來世，當得作佛，號蹈七寶華、如來……
佛世尊。當供養十世界微塵等數諸佛如來，常為諸佛而作長子，
猶如今也。是蹈七寶華佛，國土莊嚴，壽命劫數，所化弟子、正
法像法，亦如山海慧自在通王如來無異，亦為此佛而作長子。過

是已後,當得阿耨多羅三藐三菩提。」

【語譯】佛於阿難領記已罷之時,告羅睺羅說:汝於未來久遠之世,當得作佛,別號蹈七寶華。通號: 如來……佛世尊。應當供養以十個三千大千世界,碎為微塵,這麼多的諸佛如來,常為諸佛生作長子,也像今世為我的長子一樣。這蹈七寶華佛的國土莊嚴、壽命、劫數,所化弟子、正法、像法等,也和山海慧自在通王佛相同;而且也與這自在通王佛作為長子。過了此世以後,就證得阿耨多羅三藐三菩提。

【釋文】世俗有言:「不孝有三,無後為大」,所謂「無後」,特意指有能傳承家風、法脈的人,此於家族是如此,於佛法義的傳承更是如此。羅睺羅身為釋迦佛的長子,而其過去世的因緣,也是諸佛如來的長子。於法脈的傳承上,長子是特被寄與厚望的,其承擔力、堅忍力乃至其智慧觀照與善巧慈悲等,更意味著傳承的興衰關鍵。大乘法義特以自利利他為主,而利他的第一步就是願能承擔如來的家業,以能宏法利生為其矢誓的志業。

 ## 由世緣眷屬轉為法侶同願

「爾時世尊,欲重宣此義而說偈言:我為太子時,羅睺羅為長子,我今成佛道,受法為法子。於未來世中,見無量億佛,皆為其長子,一心求佛道。羅睺羅密行,唯我能知之,現為我長子,以示諸眾生。無量億千萬,功德不可數,安住於佛法,以求無上道。」

【語譯】此時世尊,欲重宣前義,乃說偈道:我在未出家前,作太子時,羅睺羅是我的長子;我今成佛,他又領受我法,為我法子;而且於未來世中,得見無量億佛,也作他們的長子,一心專誠的勤求佛道。羅睺羅

密隱其本地的菩薩妙行，唯我能知，如今垂迹為我長子，以示眾生。他以無量千萬億不可以數計的功德，安住於佛法中，求無上妙道。

【釋文】人倫的至親是父子與兄弟，如是的家親眷屬，乃是多生多劫的因緣所致，唯如世俗所言：「夫妻是緣，有善緣有惡緣，無緣不聚。父子是債，有討債有還債，無債不來」，如是之語說明：越是親近的人，則彼此的冤與親的糾葛將更顯緊密，故有「冤從親起」之義。然若能將親屬之緣，轉增為法侶眷屬，彼此互為鼓勵成全，若是為報恩而來，則成恩上加恩；若是為報怨而來，則可以化解怨仇。唯能掌握眼前的一世眷屬之緣，以轉成無量未來世的善因緣、法因緣、道因緣、佛因緣，則其殊勝將是不可言喻。

放下妄想分別執著自與佛同等

「爾時世尊見學無學二千人，其意柔軟，寂然清淨，一心觀佛。佛告阿難：是諸人等，當供養五十世界微塵數諸佛如來，恭敬尊重，護持法藏。末後同時於十方國，各得成佛，皆同一號，名曰寶相、如來……佛世尊。壽命一劫，國土莊嚴，聲聞菩薩、正法、像法，皆悉同等。」

【語譯】此時世尊，見住立一面的學、無學二千人，他們的意境柔順，寂然屏息，朗廓清淨，一心的瞻仰著佛的尊容，以待授記。佛告阿難說：這二千人等，從今以去，當供養五十個大千世界所聚的微塵數諸佛如來，恭敬尊重，護持法藏，於最後身同時在十方國土，各得成佛，都同一稱號，名為寶相、如來……佛世尊。壽命同為一劫，至若國土的莊嚴怎樣？所化的聲聞、菩薩怎樣？正法、像法的住世又怎樣？都因功行相類，其感報也就同等。

　　【釋文】佛法義有一重要奧妙處，即肯定：如來的真實義，是一切眾生本自具足與佛同等，故佛四十九年並未言說一字，如是之義是最值得學人參悟之處。亦可言：若以妄想分別執著而研讀一切經論，且尚在爭論評說：「此為佛說，此非佛說」，則如是之行將確實遠離佛意。實因眾生有煩惱，才有對治煩惱的法義出現；若眾生已然痊癒，則自本無一切法義。以是所謂的「其意柔軟，寂然清淨」的以待授記，是為說明：唯有放下妄想分別執著，則自與佛同等。

〈法師品〉輾轉弘傳以盡燈燈相續之功

一念隨喜則能與諸佛同種善根

「爾時世尊，因藥王菩薩，告八萬大士：藥王！汝見是大眾中無
量諸天、人與非人；其比丘、比丘尼……如是等類，咸於佛前聞
妙法華經，一偈一句，乃至一念隨喜者，我皆與授記，當得阿耨
多羅三藐三菩提。佛告藥王：又如來滅度之後，若有人聞妙法華
經，乃至一偈一句，一念隨喜者，我亦與授阿耨多羅三藐三菩提
記。」

【語譯】此時世尊，藉著藥王菩薩，告八萬大士道：藥王！你見這靈
山大會眾中的無量諸天、人與非人等；及比丘、比丘尼等八部四眾三乘等
類，都在佛前聞妙法華經，那怕是最少的一偈一句，乃至隨聞的一念歡喜，
我都予以授記：他們於當來之世，得阿耨多羅三藐三菩提。佛又告藥王：
不但現在佛前，就是到如來我滅度之後，倘若有人聞此妙法華經，乃至一
偈一句，一念隨喜的，我也授予阿耨多羅三藐三菩提記。

【釋文】能於佛前聞《法華經》一偈一句，乃至一念隨喜者，皆得蒙
佛授記當得阿耨多羅三藐三菩提，如是的重點在「佛前」。然於佛滅度後
又是如何？則如世尊所言，凡能得聞一偈一句或一念隨喜者，我亦授予未
來當得成佛之記。此不但是《法華經》的殊妙，是不分於佛前或佛滅度後，
更是《法華經》為最究竟的圓說，即一切眾生皆可成佛，亦即一切眾生皆

本是佛。學人若能在此有所領悟，則當觀得他人的一念善行，即或未得參與之，而能一念隨喜，則自與一切諸佛聖賢同種善根。

由讀誦受持的自利乃至歡喜說法的利他

「藥王！其有讀誦法華經者，當知是人，以佛莊嚴而自莊嚴，則為如來肩所荷擔。其所至方，應隨向禮，一心合掌，恭敬供養，尊重讚歎；華香、瓔珞……作諸技樂，人中上供而供養之；應持天寶而以散之，天上寶聚應以奉獻。所以者何？是人歡喜說法，須臾聞之，即得究竟阿耨多羅三藐三菩提故。」

【語譯】藥王！若有讀誦法華經者，當知此人，以佛的定慧莊嚴，以自嚴其身，那就是荷擔如來所荷擔的弘經責任。眾生應隨著他所到的方向，一心合掌、恭敬、供養、尊重、讚歎！在人間，應以上好的供物：華香、瓔珞……技樂等，而為供養；在天上，應散寶華，及以所聚的眾寶，奉獻此人。為什麼值得這樣的恭敬供養？因為此人歡喜說法，能使聞者頃刻之間，就得到究竟無上正等菩提之故。

【釋文】大道法義的寶貴，需要有人為之宣說，若能因此而引動眾生以斷惡修善，如是所產生的功德作用，實然勝過任何有形物質的給予。以是，學人當在自利讀誦受持有所心得後，實然需立志於法義演說的利他；除身體力行的身教表演示現之外，言說的精闢廣面亦要能精進用功，簡言之；要能歡喜說法：對法義的剖析若深，可破除自己的疑網，若剖析得廣，則可以增加自己的信心。且觀世尊四十九年來所從事的工作，就是開演法義以度眾生，其中自有其深意所在。

在利他中以成就智慧能力

「其有欲疾得一切種智慧，當受持是經，並供持經者。若能受持
妙法華經者，當知佛所使，愍念諸眾生。諸有能受持，妙法華經
者，捨於清淨土，愍眾故生此。當知如是人，自在所欲生，能於
此惡世，廣說無上法。若能於後世，受持是經者，我遣在人中，
行於如來事。」

【語譯】假使有人，想疾速得到觀中道實相的一切種智，那更應當受
持此經，並供養持經的法師。倘若有人能受持妙法蓮華經，當知是佛所派
遣，來愍憐一切眾生的特使。所有能受持法華經的人，捨棄他們的清淨佛
土，為愍憐眾生而生此濁世。當知這等人，是自在乘願而生，並非業報，
故能於此惡世，廣說無上妙法。若能於此世報盡，到後世持此經者，我派
此人生人道中，代行如來悲愍眾生的化導之事。

【釋文】為人一切的能力、本事、智慧等的取得，皆然不可能憑空而
得，唯有深入眾生的任何生活細節中，才能領悟箇中所蘊含的深意，如世
俗之言：「事事練達皆學問」。以是，世尊特為強調：捨於清淨土而生於惡
世，此意著重在不以自身的安樂為樂，而是以眾生的受苦為自己的責任。
如同佛的尊號之一「如來」：能如（住於清淨），亦能來（入此惡世），唯
能往來自在無礙，故謂如來。佛的另一尊號是「天人師」：能弘範天界，
也是人間的導師。顯然，所謂佛智的成就，唯有在眾生界中才能證得。

化阻力為助力的真實利他

「藥王今告汝，我所說諸經，而於此經中，法華最第一。此法華
經最為難信難解，是諸佛秘要之藏，不可分布，妄授與人，諸佛
世尊之所守護，從昔已來，未曾顯說。而此經者，如來現在，猶
多怨嫉，況滅度後。」

【語譯】藥王！我今天告訴你：在我所說的一切經中，唯獨這妙法華
經，最為第一。我所說的經典，唯這法華經最為難信難解，此經是諸佛秘
而不傳，言約理圓的法藏，不可輕易分布，妄授非器。所以諸佛世尊，嚴
密守護，未曾為眾生公開顯說。因為眾生聞此法華，不信則怨，不解則嫉，
如來現在尚且如此，何況滅度之後？

【釋文】不同法門、不同經典，可以對治不同根器的眾生，此是因眾
生的心量與所執不同所致。以是所謂聲聞、緣覺、菩薩的階次之分，實因
於所執的知見而然！於佛之論：「唯有一佛乘，無二亦無三」，此是法華的
關鍵旨意。或許學人可以由中領會，為廣度眾生之故，適宜的善巧方便是
必須具備的，先視其原有的習慣與知見為入手處，不宜一味地全盤否定其
本有的認知。於如來之世尚有退席者，更何況是今日呢！顯然，若自以為
勝人一籌，只想強加理念在他人身上，有時不但無法度化其人，反會帶來
更多的反感與逃避。在現今多壓力與緊張的時代裡，若能多營造正向、助
人、快樂、歡喜、幸福的氛圍，或許才能真實利益群眾共同修學。

經典所在處則是法在與佛在

「藥王！在在處處，若說、若讀、若誦、若書、若經卷所住處，
皆應起七寶塔，極令高廣嚴飾，不須復安舍利。所以者何？此中
已有如來全身。若有人得見此塔，禮拜供養，當知是等皆近阿耨
多羅三藐三菩提。」

【語譯】藥王！無論在什麼地方，倘若這地方有人在解說、讀誦、書寫法華，及經卷所在之處，都應當建立極其高廣嚴飾的七寶之塔，不須要在塔中再安置舍利。什麼緣故呢？因為這經中已有如來的全身舍利了。假使有人得見此塔，禮拜供養，當知此等敬信法華的人，都已契會一乘實相之理，近於阿耨多羅三藐三菩提的無上佛果了。

【釋文】佛的色身雖僅八十年，此乃應於當是時的因緣環境。雖言佛色身已然入滅，但佛的法身則是遍虛空而無量壽。且佛的教誨尚有經典的傳佈，以是，若想得見佛身，則讀、誦、書寫乃至為人演說，則佛又確然出現在現實的世界裡。乃至今日，在科技進步的推動之下，不但可以留下音聲、影像，更可以現場直播而遍佈世界各角落，因此，所謂的道場確然是廣大無有邊界。只要有一小小的儀器，即可以對全世界產生巨大的影響力，此或許可謂是今世學人的天運。然事物總是有其一體的兩面，當傳播影響力越方便與快速時，則其所造成的效果皆將數倍的加乘，正向良善是如此，邪曲混淆亦如此，顯然，生活在現今的學人，如何有智慧的慎擇將是關鍵處。

分析不等同於修學實證

「藥王！譬如有人，渴乏須水，於彼高原，穿鑿求之，猶見乾土，知水尚遠。施工不已，轉見濕土，遂漸至泥，其心決定知水必近。菩薩亦復如是，若未聞、未解、未能修習是法華經，當知是人去阿耨多羅三藐三菩提尚遠。若得聞解，思惟修習，必知得近阿耨多羅三藐三菩提。」

【語譯】藥王！譬如：有人為渴所困，極須飲水，向那很高的平原，去鑿井以求，但見乾土，不見濕泥，便知離水尚遠；再繼續施工，不停的

往深處挖掘，遂見濕土，漸至於泥，這才決定知道離水不遠了。菩薩也是這樣的：倘若未聞法華；或雖聞而未能解義；或雖能解義而未能如法修行；當知此人，離無上正等菩提尚遠。倘若得聞法華，既解且行，必知此人，已得鄰近無上正等菩提。

【釋文】修習佛法其目的在依法行證，以是若不能實證，全然僅用心於分析義理，若如是者，雖可明解佛法的哲學體系，但對於法義所將帶來的斷煩惱、長智慧的真實利益，終將難以獲得。且觀為人的一生，無法避免的是：身體的生老病死，事物的成住壞空，心念的生住異滅，乃至人與人、人與環境之間，其所延伸的種種問題等，如是的一切皆將為人帶來不少的衝擊與煩惱，唯當面對各類問題時，唯有將義理實證運用於生活上，才能帶來實質的利益。如同「濕泥近水」的譬喻，唯有致力於不斷地在生活上力求修學實證，才能有獲取安然自在的生活。

培養慈悲、寬容、助人的人品榜樣

「若有善男子、善女人，如來滅後，欲為四眾說是法華經者，云何應說？入如來室、著如來衣、坐如來座，爾乃應為四眾廣說斯經。如來室者，一切眾生中，大慈悲心是；如來衣者，柔和忍辱心是；如來座者，一切法空是。安住是中，然後以不懈怠心，為諸菩薩及四眾，廣說是法華經。」

【語譯】若有善男子、善女人，於如來滅度之後，願為四眾說此法華經者，必須是哪一類型的人，才應當說呢？假使這善男子、善女人，是入如來室、著如來衣、坐如來座的，他才應當為四眾廣說此經。什麼叫做如來室？對一切眾生以無緣大慈，給予平等涅槃之樂；以同體大悲，拔濟其生死之苦，這大慈悲心，就是能庇蔭眾生的如來室。什麼叫做如來衣？柔

和忍辱之心，就是能遮瞋恚之醜的如來衣。什麼叫做如來座？觀一切法畢竟空寂，就是安隱不動的如來座。能安住於慈悲、忍辱、法空這三法之中，然後再以不懈怠心，為諸菩薩及四眾弟子廣說法華。

【釋文】且觀在現前的大環境裡，除少數是因物質缺乏所帶來問題之外，實然真正的關鍵在於人的品質上，應如何大幅度地提昇具有慈悲、寬容、助人的人品，如是才能根本解決一切的問題。人心是可以被教育的，然要指導他人之前，必須要先能以身作則，簡言之；唯有先自度之後，才能引領眾人跟進，唯榜樣典範的樹立確實不易。

〈見寶塔品〉舍利寶塔從地踊現以示法身無生滅

 ## 追念與供養以示無所不在

「爾時佛前有七寶塔，從地踊出，住在空中，種種寶物而莊校之。無數幢幡，以為嚴飾，垂寶瓔珞，寶鈴萬億而懸其上。四面皆出多摩羅跋栴檀之香，充遍世界。其諸幡蓋，以金、銀、琉璃等合成，高至四天王宮。」

【語譯】此時在佛的前面，有一座七寶塔，從地下踊現，上出雲霄，住於空中，此塔以種種寶物莊嚴校飾。有無數幢幡，還懸掛著垂寶的瓔珞，及寶鈴萬億。從四面流出多摩羅跋栴檀香氣，充滿世界。其幢幡傘蓋都是以金、銀、琉璃等寶物所合成，高至四天王宮。

【釋文】佛的色身早已入滅，然其所留下的舍利，後人將其供養在寶塔之中，故寶塔的所在，也是象徵佛的所在。代表佛一生的歷程，有四個重要之地：生處、得道處、轉法輪處、涅槃處，於此四處各建有寶塔，除對佛以表最高的憶念思崇之意，亦表明佛的分身是無所不在。對於有心修習佛聖之學的人而言，在家以孝道為先，師門則以尊師重道為要，即或父母、師長已離去久遠，仍須保持對其深重的敬崇之心，此於學人是重要的德行養成。為人若如世俗所言：「人在人情在，人亡人情亡」，則將容易增

養自己的傲慢之氣，一旦驕心起，則百萬障門亦將為之開啟，於此則不得不慎重。能永保對父母的追念之情，以及對先聖先賢的思慕之恩，皆將使自己受益無窮。

 宇宙事實真相非一般人所可見之思之

「爾時寶塔中出大音聲，歎言：善哉善哉！釋迦牟尼世尊，能以平等大慧，教菩薩法，佛所護念，妙法華經，為大眾說。如是如是！釋迦牟尼世尊，如所說者，皆是真實。爾時四眾，見大寶塔住在空中，又聞塔中所出音聲，皆得法喜，怪未曾有，從座而起，恭敬合掌，卻住一面。」

【語譯】這時從七寶塔裡，發出極大音聲，讚歎的說：善哉善哉！釋迦牟尼世尊，能以平等大慧，教菩薩法，佛所護念的妙法華經，為大眾宣說。如是如是！釋迦牟尼世尊，所說的法，盡是真實。此時四眾弟子，見大寶塔從地踊出，住於空中，又聽從塔中發出讚歎音聲，大家都得到法喜，驚怪為昔所未有。乃避席而起，恭敬合掌，退居一面。

【釋文】且觀世尊一生的示現，其所從事的就是教育工作，講授宇宙人生的真相，學人依所瞭解的事實真理而斷除煩惱、淨化自己，並再擴及至利他的事業，此是世尊所欲教授的內容與主旨。顯然，世尊一生的教學是以講述真理為主，並不以神通展現為其所炫，唯於諸經中，又時有神通的描繪，如：寶塔從地踊現，乃至塔中出音聲等，此可謂是佛經的特色之一。學人對神通的描繪，不宜以迷信而視之，但亦不能傾慕於此，若能以「不可思議」靜觀待之，以顯宇宙事實真相非一般凡夫所可見之、思之，唯當自我更精進努力，或才有可能以契入佛境之期。

典範留存則與虛空同壽

「爾時佛告大樂說菩薩：此寶塔中有如來全身，乃往過去東方無量千萬億阿僧祇世界，國名寶淨，彼中有佛，號曰多寶，其佛行菩薩道時，作大誓願：若我成佛，滅度之後，於十方國有說法華經處，我之塔廟，為聽是經故踴現其前，為作證明，讚言善哉。」

【語譯】此時佛告大樂說菩薩道：這寶塔中有如來的舍利全身。乃過去世，距此東方無量千萬億阿僧祇世界，有一為七寶所成，清淨無垢的國土，名叫寶淨，那個國裏，有一尊佛號為多寶。那多寶佛，在因地行菩薩道時，發過這樣的大願：我若成佛，滅度之後，於十方國土，只要是有佛說法華經處，我的塔廟，為聽經故即踴現其前，為作證明的讚曰善哉！

【釋文】佛法有三身之說：法身、報身、化身。其中「法身」代表佛所留下的教法與身教典範，將源遠流長遍一切的時空間永不毀滅。人的色身不過百年，終將灰飛湮滅，唯人在短暫的時光中，是可以行持甚多的善事，同樣也可以造作無邊的錯過罪，此中的關鍵皆在自身上。常言道：再回頭已百年身，若因於一念的無明而造作惡業，有時不僅是自身受苦報，也將影響至家親眷屬，若能細思至此，則在為善與為惡之間，則更宜慎重再三。同理，若能努力精進於佛聖之道，則即或一期生命結束，因於所行與佛聖相應，自能契入佛聖之境而永恆不滅，此誠為生命的價值與意義。

能與佛心相應則等同是法身示現

「是時大樂說菩薩，以如來神力故，白佛言：世尊！我等願欲見

此佛身。佛告大樂說菩薩摩訶薩：是多寶佛有深重願：若我寶塔，
為聽法華經故，出於諸佛前時，其有欲以我身示四眾者，彼佛分
身諸佛，在於十方世界說法，盡還集一處，然後我身乃出現耳。
大樂說！我分身諸佛，在於十方世界說法者，今應當集。」

【語譯】此時大樂說菩薩，以多寶如來現塔讚法的神通願力之故，向
佛稟白：世尊！我等志願見此多寶佛身。佛告大樂說菩薩：這多寶佛，他
還有這樣的深重大願：倘若我的寶塔，為聽法華經故，出現於說經的諸佛
前時，其有欲以我身出示於會中四眾者，那他在十方世界說法的分身諸
佛，必須都還集一處，然後，我身才可以出現。大樂說！你們既願見多寶
佛身，那我的分身諸佛，在十方世界說法者，現在就應當召集他們。

【釋文】唯有「分身當集之後，佛才現其真身」，如是之意，學人當
如何理解之？佛的法身常在本不生滅，此為佛的本尊，故是一；然佛亦有
千萬億的分身，若以《法華經》而論，則代表法華妙義是有傳承付囑，在
代代演化之下，則分身是為多，「一即多，多即一」，本是互為相融相攝。
學人若能時時、處處與佛心相應，則自能感得諸佛菩薩的加持，以是有「感
應道交」之說，至此，則分身的行持實然可等同是本尊的示現。

能真實利他則見諸佛的分身

「大樂說白佛言：世尊！我等亦願欲見世尊分身諸佛，禮拜供養。
爾時佛放白毫一光，即見東方五百萬億那由他恆河沙等國土諸
佛。彼諸國土，皆以玻璃為地，寶樹寶衣以為莊嚴，無數千萬億
菩薩，充滿其中，遍張寶幔，寶網羅上。彼國諸佛，以大妙音而
說諸法，及見無量千萬億菩薩，遍滿諸國，為眾說法。」

【語譯】大樂說菩薩，向佛稟白的說：世尊！我等不但願見多寶佛身，也願見世尊的分身諸佛，以禮拜供養。此時佛以神通之力，從眉間白毫放出一道光明，照見東方五百萬億那由他恆河沙數的國土諸佛。那些佛土，都是以玻璃為地，以寶樹、寶衣為依正莊嚴。又有無數千萬億菩薩，充滿其國，普遍的張設著寶幔、寶網，蠡覆其上。彼國諸佛，及無量千萬億菩薩，都在出大妙音，為眾生說法。

【釋文】世尊一生的示現，是以行遊方式而教化眾生，隨緣前往，隨緣離去，自奉的生活儉樸，故無有貪欲；不長住於一地，故無有留戀不捨，其演說規勸的重點，是要學人能親自印證。以是，即或世尊色身已然入滅，但凡奉行者則皆將與世尊同願、同行，如是之人或可謂是世尊的分身。唯當斷惡修善至煩惱輕、智慧長時，則自能有依正莊嚴的智慧與福報，並依此而為眾生說法，如是之行即是諸佛之行，故自能自見諸佛的分身，此則確然無誤。

 ## 常為聽法而無有疲厭

「爾時世尊說偈言：聖主世尊，雖久滅度，在寶塔中，尚為法來，諸人云何，不勤為法？此佛滅度，無央數劫，處處聽法，以難遇故。彼佛本願，我滅度後，在在所往，常為聽法。」

【語譯】此時世尊乃說偈道：聖主世尊——多寶如來，雖久已滅度在七寶塔中，尚且為聞法而來；汝等諸人，既未得證，何以不為法精勤？此佛自滅度以來，於無窮數劫，處處聽法，因為妙法難遇，猶如優曇。彼佛本來在未滅度前，曾發過這樣的誓願：我滅度後，在在所往，常為聽法，更無他事。

【釋文】世間之人終其一生忙忙碌碌，或為學業、或為家庭、或為事

業等，寶貴的光陰如是地遷流不已，唯當學業完成、經濟穩定、子女已然長大成家之際，再回看自身，卻不知何時青絲已紛入白髮，身體活動力漸趨緩慢，倚坐時多思前塵往事，此時，即或有未遂的心願，亦難提振心力於所欲行之事；唯當大限將至，又多茫茫渺渺，或不知所向，或已無心力於此，這或許就是多數人的一生寫照吧！然為人若能早聞聖法，且以是因緣為殊勝難可得遇，因此，即或生活忙碌，亦要多撥空於接近聽聞聖教，如是之人，誠然可謂是最具善根的天之驕子。學人若能謹遵佛聖的教誨，以聽法修道為要事，除自我精進兼且化他，則如是的生活可謂已近佛聖菩薩的境地。

精進行持必得諸佛加持

「諸善男子，於我滅後，誰能受持，讀誦此經，今於佛前，自說誓言。此經難持，若暫持者，我則歡喜，諸佛亦然，如是之人，諸佛所歎。是則勇猛，是則精進，是名持戒，行頭陀者，則為疾得，無上佛道。」

【語譯】諸善男子！誰能於我滅後，受持讀誦此法華經，今天應在佛前自動宣誓。此經義趣微妙難持，即或是短暫的行持者，則不但我釋迦歡喜，就是諸佛也一樣的歡喜。像這樣持經的人，是十方諸佛所稱歎的。這就是勇猛、精進，也是持戒，是行離貪著的頭陀，很快的就得證無上佛道。

【釋文】人人本具良善的先天德性，以是，一旦得聞佛聖之學之理時，必能心生歡喜，並稱歎機緣難得，此是人的天性所然。然為人往往在日常生活中，因於人事、境緣等種種因素，又極容易將此善性忘卻，且為謀得更多的利益，於是各種紛爭計較，乃至不擇手段以欺壓他人等，則隱然成為生活的重心，故人世間的不平情況則成為常態。於是在所謂濁亂的世代

裡，凡得聞佛聖教誨而能短暫地行持者，終將感得諸佛菩薩的稱歎歡喜；更何況是能精進勇猛持戒者，此於諸佛而言，則是真佛子。諸佛聖的色身終有入滅之時，但法義的傳承則須待後人的永續傳演，以是，若想得受諸佛的加持護衛，則依法勇猛行持是為必然之舉。

〈提婆達多品〉行逆是一時之迹而理順為永久之本

 ## 以阻礙逆行為甘露歡喜

「爾時佛告諸菩薩及天人四眾：我於過去無量劫中，求法華經，
無有懈倦。於多劫中常作國王，發願求於無上菩提，心不退轉。
為欲滿足六波羅蜜，勤行布施，心無吝惜，不惜軀命。擊鼓宣令，
四方求法，誰能為我說大乘者，吾當終身供給走使。」

【語譯】佛告諸菩薩及天人四眾道：我在過去世的無量劫中求法華
經，勤勤懇懇，未嘗懈怠。我在這許多劫中，雖常作國王，然猶發大願求
無上菩提，心不退轉。為欲滿足六度萬行，勤修布施，無所吝惜，乃至軀
命亦然。為求法故，擊鼓宣布號令，向四方求法，有誰能為我說大乘經者，
我當終身供給勞役，奔走使命。

【釋文】此是世尊為後人演說示現，其在無量劫中的因地修行，即或
處於壽命無量的國土，也不起貪愛；即或身為國王，也寧捨王位，把政權
委託太子，向四方求法，若能得聞妙義，則願終身奉侍為其往來奔波。世
尊一再地說明，為求法故，王位乃至身軀皆能捨之，如是之意，學人宜有
深入的領悟：凡一切的福報享受，其終將有盡時，一旦福盡祿亡，則難以
割捨的貪戀反成最大的阻礙。也可以說：看似越順境，其捨離時的痛苦是

更猛劇的；反之，若是處於逆境之下，其捨離當下是更輕鬆自在的，以是，歷來的修行人，多以阻礙逆行為甘露歡喜，如是的心境自有其超脫的不凡。

 於奉事中以破除私己的我執

「時有仙人，來白王言：我有大乘，名妙法蓮華經，若不違我，當為宣說。王聞仙言，歡喜踴躍，即隨仙人，供給所須，採果、汲水、拾薪、設食，乃至以身而為床座，身心無倦。於時奉事，經於千歲，為於法故，精勤給侍，令無所乏。」

【語譯】這時有一位仙人，來對王說：我有大乘，名妙法蓮華經，非器不傳，若有於我言教不敢違逆的人，我就為他宣說。那國王一聽說有大乘經，不禁歡喜踴躍，隨即跟著仙人去供給所須。舉凡：上樹採果、下澗汲水、穿林拾材、入廚設饌，甚至像以身作為床座似的辛苦，都不覺疲倦。這樣經千歲之久，為從師聞法故，精勤供給，奉侍走使，不令匱乏。

【釋文】這是世尊說明其在因地修行的一段歷程，即或身為國王，只要得知有妙法可聞，則樂於隨師聞法，為法奉事而不辭辛勞，如是的作為，皆為令學人明曉：於人生的一切大事中，唯有能求得法義才是最根本重要之事。在人生的歷程中，不論是高官富貴者，亦或是一般平民百姓等，甚少有人可以確然無憂無愁的度過一生，唯有因於聽法、行法，才能促使自身在紅塵中有超然之心，亦唯有依法修行所產生的無私無我，才能予人群有真實助益。且為求得法故，能捨身精勤給侍，在奉事的過程中，則可破除私己的我執，而此正是入於佛聖之學的第一步。

依本願觀一切眾生的因緣

「佛告諸比丘：爾時王者，則我身是；時仙人者，今提婆達多是。
六波羅蜜、慈悲喜捨、三十二相八十種好紫磨金色、十力、四無
所畏、四攝法、十八不共、神通道力、成等正覺，廣度眾生，皆
因提婆達多善知識故。」

【語譯】佛告諸比丘道：那時的王者，就是我的前身；阿私仙人，就
是現在的提婆達多。由於昔日提婆達多善知識的教授妙法之故，使我今日
具足了六波羅蜜、四無量心、相好莊嚴、十力、四無所畏、四攝法、十八
不共的神通道力，成就無上正等正覺，廣度眾生。這都是由提婆達多的善
知識故，非由他緣。

【釋文】此段是世尊論述與提婆達多往昔的因緣，提婆達多是阿難的
兄長，是佛的從弟，出家學神通，破壞佛法，其迹如是。唯有關提婆達多
的惡行，《法華經》中未言一字，反以提婆達多為一善知識，正因其教化
之故，使佛得成等正覺廣度眾生，若以往昔本事因緣而論，則提婆達多尚
為世尊之師。然世尊於提婆達多前而得證佛果，此乃源於世尊能依法修
行，且能為法忘軀之故，此為《法華經》所著力處。提婆達多雖有甚多行
逆之罪，然此只是迹，迹則代表是一時之行，而本才是永遠，簡言之；行
逆是一時因緣所聚，而理順則為永久，是本願所致，而《法華經》是依本
願而視其逆行，故仍肯定其是「本地清涼」。

 以菩薩的示觀視一切的人事境緣

「佛告四眾：提婆達多，卻後過無量劫，當得成佛，號曰天王，佛世尊。世界名天道。時天王佛住世二十中劫，廣為眾生說於妙法。無量眾生得阿羅漢果，無量眾生悟辟支佛，不可思議眾生發菩提心，至不退轉。」

【語譯】佛告一切四眾道：提婆達多，到後來過無量劫，當得作佛，別號天王，通號：如來、佛世尊，彼佛世界，名叫天道。時天王佛，在他住世的二十中劫期間，廣為眾生宣說妙法。因而成就了無量眾生，得阿羅漢果，無量眾生悟得緣覺，不可思議的大機眾生，發菩提心，至不退轉。

【釋文】佛終為提婆達多授記未來成佛，如是之理，正可顯明：《法華經》是依一切眾生的「本願是佛」為論，正因一切眾生本來是佛，故一時的行惡，並不妨礙其本來是佛的真實性。學人若真能領悟其中奧義，則面對眼前一切的人事境緣時，將能有不同的一番見地。即或面對作惡之人遭受惡報，如是的人事於我生命是有所警惕與啟示，故其是菩薩的示現。同理，行善的人獲得善報，是菩薩要我學習效法的示現。以是，人人皆是菩薩，事事皆是好事，若學人能有如是的心境，則終將心思歸於自身之上，時時警惕自己對於一切人事物所抱持的心境為何？唯有如是的領悟與確然做到，或才可能些許契入佛聖的境地吧！

觀察行為表現而非身分外相

「智積問文殊師利言：此經甚深微妙，諸經中寶，世所希有，頗有眾生，勤加精進，修行此經，速得佛不？文殊師利言：有娑竭羅龍王女，年始八歲，智慧利根，善知眾生諸根行業，得陀羅尼，諸佛所說甚深秘藏，悉能受持，深入禪定，了達諸法，於剎那頃發菩提心，得不退轉，辯才無礙，慈念眾生，猶如赤子。」

【語譯】智積問文殊師利道：這《法華經》的義趣，甚深微妙，可以說是諸經之寶，世所希有！也頗有眾生，聞此深經，能如說修行，精進不懈的速得佛果不？文殊師利答道：有！娑竭羅龍王的女兒，年方八歲，便有速得佛果的足夠條件：一、智慧明敏，根性聰利，能察知眾生的差別根性，及善惡行業。二、獲得了總持陀羅尼門，對諸佛所說的甚深秘密法藏，都能受持不忘，深入禪定，了達諸法性相。三、能於一剎那頃發菩提心，登不退地，其說法的智辯，無所滯礙。四、慈念眾生，就像在襁褓中的嬰兒一樣。

【釋文】成佛的重要關鍵，在先由自利的受持、入定；以至自利利他的發菩提心，得不退轉，辯才無礙；再純然利他的慈念眾生，顯然，龍女的功德全然具足，其得證佛果當無有疑慮。本段是由文殊師利宣說龍女得證菩提的過程，將可打破女身多障而不能成佛之說。由此正可彰顯法華的妙義：一切眾生本來是佛，已然超越身相的問題。

 ## 唯有助人成才能己成

「智積菩薩言：我見釋迦如來，於無量劫，難行苦行，積功累德，求菩提道，未曾止息，觀三千大千世界，乃至無有如芥子許，非是菩薩捨身命處，為眾生故，然後乃得成菩提道。不信此女於須臾頃，便成正覺。」

【語譯】智積菩薩道：我見釋迦如來，曾於無量阿僧祇劫，行其所難行的苦行，積功累德，求菩提道，未曾休息。怎見得呢？遍觀三千大千世界，乃至沒有一芥子許大的地方，不是菩薩捨身命處；為度眾生故，歷無邊生死，然後方得成佛。釋迦如來尚且如此，不信這區區龍女，能於一剎那頃，便成正覺。

【釋文】對於有關龍女得成佛道之事，在《法華經》中特以提出質疑的智積菩薩與舍利弗為代表。如舍利弗之言：「女人身有五障：一、女身不淨，不得作淨行的大梵天王。二、女人多欲，不得作少欲的帝釋。三、女性怯弱，不得作堅固的魔王。四、女多妒害，不得作仁慈的轉輪聖王。五、女具煩惱，不得作萬德莊嚴的佛身。有此五障，如何女身能速疾成佛？」學人對此之論，若能立於眾生本來是佛為之體悟，則自能明白其中真義：男女之相，是依於業因果報而現，唯能轉業因才是重要的關鍵。若能將不淨、多欲、怯弱、妒害、煩惱去除，則三十二相與八十種好自能現前，且依於「法性平等，無有高下」的法華圓教義，唯有一切眾生皆能成佛，才有自身的成就之期。

依多元的方式對應不同的眾生

「爾時龍女有一寶珠，價值三千大千世界，持以上佛，佛即受之。龍女謂智積菩薩、尊者舍利佛言：我獻寶珠，世尊納受，是事疾不？答言：甚疾！龍女言：以汝神力觀我成佛，復速於此。當時會眾，皆見龍女忽然之間，變成男子，具菩薩行，即往南方無垢世界，坐寶蓮華，成等正覺，三十二相、八十種好，普為十方一切眾生，演說妙法。」

【語譯】此時龍女，有一顆寶珠，價值三千大千世界，持以奉佛。佛即受珠，以示其因圓果滿，並全其施德。龍女問智積菩薩及尊者舍利弗道：我獻寶珠，世尊納受，這事在時間上說，快不快呢？他們回答的說：很快！龍女道：今以你的神力，來看我成佛，比獻珠更快！當時，在會上的大眾，都看見龍女忽然間變成了男子，具足菩薩大行，即往南方無垢世界，坐寶蓮華，成等正覺，而以三十二相、八十種好的應化法身，普為十方世界的

一切眾生，演說妙法。

　　【釋文】寶珠除象徵圓因、圓果外，寶珠也代表自性，自性本具圓滿、充實、無生、無垢等，而一切眾生的自性與佛本無有差異，女身、男身之現皆只是一時的表象，是一時之迹而已；成佛的關鍵在證得法身，法身本具三十二相、八十種好，此為本，是成佛的依據，故龍女不為其女身而作辯解，而是以神力展現其成佛無疑，並持寶珠以獻佛。

〈勸持品〉菩薩聲聞等響應號召發願持經弘傳

 法義入心的影響效力

「爾時藥王菩薩摩訶薩，及大樂說菩薩摩訶薩，與二萬菩薩眷屬
俱，皆於佛前作是誓言：唯願世尊，不以為慮，我等於佛滅後，
當奉持讀誦，說此經典。後惡世眾生，善根轉少，多增上慢，貪
利供養，增不善根，遠離解脫，雖難可教化，我等當起大忍力，
讀誦此經，持說書寫，種種供養，不惜身命。」

【語譯】此時藥王及大樂說二大菩薩，和他們的法眷屬菩薩二萬人，
一同在佛前發誓，這樣說道：但願世尊，不必以無人弘經為慮，我等於佛
滅後，自當奉持、讀誦，為人解說此妙法經典。後來的惡世眾生，善根人
越來越少，間或有人修行，多半是未得謂得的增上慢人，他們貪圖利養，
增不善根，離解惑脫縛的自在尚遠。這種人，雖難以教化，然而我們當起
大忍辱力，而於此經讀誦、受持、解說、書寫，這種種以法供養，利益眾
生之事，都不惜身命。

【釋文】依理，人本具善性、佛性，故當該所言、所行皆能應合佛聖
之道。然且看目前的世界各地，因於人事所引發的爭端時刻皆在上演著，
彷彿無有停歇之日。若能細思其中之因，實然皆是對於佛聖之道的熏染不
足所致。即或是一般的人，若不能每日有法義熏習的時間，也極容易逐漸
趨向不善之行而不自覺知。因此，能自奉持、讀誦，甚且為人解說，一旦

法義能入心，則其對社會安定所產生的影響效力實然無法估算。

 ## 他方國土與娑婆世界是一非二

「爾時眾中五百阿羅漢得受記者，白佛言：世尊！我等亦自誓願，
於異國土，廣說此經。復有學、無學八千人得受記者，從座而起，
合掌向佛，作是誓言：世尊！我等亦當於他國土，廣說此經。所
以者何？是娑婆國中，人多弊惡，懷增上慢，功德淺薄，瞋濁諂
曲，心不實故。」

【語譯】此時在大眾中，已得受記作佛的五百阿羅漢向佛稟白的說：
世尊！我們也自發誓願，於娑婆以外的異國淨土，廣為眾生，宣說此經。
又有已得受記的學、無學等八千人，從座位上起來，合掌恭敬，向佛發誓，
這樣說道：世尊！我等也當於其他國土，廣說此經。因為這娑婆國中的人，
有很多難以教化的弊病惡習：一、懷增上慢，二、功德淺薄，三、瞋怒昏
濁，四、諂佞邪曲，心不貞實。所以我們要離此娑婆，到他國弘經。

【釋文】依於圓教之義，佛的教化眾生當遍及一切的國土世界，即或
此地人民難以教化，但唯有能周旋往返十方世界以教化眾生，此不但是佛
的本願，實然亦是後世學人理應養成的心量。唯當在面對真實的群眾時，
往往理想與現實是會有所差距的，以是，有願先至他處弘傳，以遠離弊惡
之地，此僅能是一時的方便而已；於究竟上，當不能、不可摒除任何一世
界、一眾生，此乃因於任何不圓滿的人事，皆只是一時之迹，眾生皆本是
佛，故皆可被教化而有所成就。

是修學者也是弘傳者

「爾時佛姨母摩訶波闍波提比丘尼、與學、無學比丘尼六千人俱，
從座而起，一心合掌，瞻仰尊顏，目不暫捨。於時世尊告憍曇彌：
我先總說一切聲聞，皆已授記，今汝欲知記者，將來之世，當於
六萬八千億諸佛法中，為大法師，及六千學、無學比丘尼，俱為
法師。汝如是漸漸具菩薩道，當得作佛，號一切眾生喜見、如來……
佛世尊。」

【語譯】此時佛的姨母摩訶波闍波提比丘尼、與學、無學比丘尼六千
人，都從座上起來，一心合掌，目不暫捨的仰望著佛的尊容。此時世尊告
姨母憍曇彌道：我先已總說一切聲聞，皆當授記，尼眾自然也包括在內，
今汝欲知所得之記，那就是：你於當來之世，在六萬八千億的諸佛法中，
為大法師；以及那六千學、無學比丘尼等，也都做了法師。你這樣漸漸具
足了所行的菩薩之道，就決定成佛，別號：一切眾生喜見，通號：如來……
佛世尊。

【釋文】此是佛為其姨母及一切尼眾授記成佛之事，至此，法華的妙
義實然已更為顯明：唯當十法界皆能成佛，才是佛法義的究竟圓說。因此，
即或有十法界之分，有女身多障之說，然此僅是身相的差別而已，在立於
本來是佛的基點上，一切的差異，皆將還歸清淨的共同本源。因此，所謂
的修學，首要的入門功課，就是由近親的家人為對象，學習對其真誠、禮
敬，並與之協助、引導。

於繁複中的心安具足與靜定不亂

「爾時摩訶波闍波提比丘尼，及耶輸陀羅比丘尼，並其眷屬，皆
大歡喜，得未曾有，即於佛前而說偈言：世尊導師，安隱天人，
我等聞記，心安具足。諸比丘尼，說是偈已，白佛言：世尊！我
等亦能於他方國土，廣宣此經。」

【語譯】此時摩訶波闍波提，及耶輸陀羅二比丘尼，並其眷屬，他們
聞記作佛，都分外歡喜，得了未曾有法！便在佛前說偈讚道：唯獨世尊導
師，能使諸天人民得大安隱，我等聞授記作佛，無不心安理得，具足所願。
諸比丘尼，說偈既竟，又稟白於佛，說：世尊！我們也能離此娑婆，於他
方國土，廣說這妙法華經。

【釋文】觀為人一生的所有言語行事，唯有心安理得才能帶來真正的
自在與歡喜。即或物質不甚寬裕，但若能待人處世無有一絲毫虧欠於人，
則平房小屋、菜根之香亦令人心滿意足。反之，若良心有愧，則必然坐立
難安、煩惱叢生，如是居華屋亦不安然，美食當前也食而無味。佛深知眾
生的心意雜亂不定，無法安心修學，以是為之授記一切學、無學及其眷屬，
將來之世必當成佛。世尊使學眾先能心安具足，一旦心能安則信心自能生
焉，於佛聖之行當精進不退，則成佛目標自是可願、可期。雖言一切眾生
本來是佛，然在長劫的生死流浪中，或早已無心於此，或是毫無信心願力，
且又混處於現實繁複的人事境緣中，如何心定不亂？將在在考驗著學人的
智慧與毅力。

 ## 作一不請之友是為人的本願

「時諸菩薩敬順佛意，並欲自滿本願，便於佛前作師子吼而發誓
言：世尊！我等於如來滅後，周旋往返十方世界，能令眾生書寫
此經，受持讀誦，解說其義，如法修行，正憶念，皆是佛之威力，

惟願世尊，在於他方，遙見守護。」

【語譯】時諸菩薩，決定敬順佛徵人弘經的至意，並欲滿足其自覺覺他的菩薩本願。便於佛前，作師子吼聲，發誓願道：世尊！我們到如來滅後，周旋往來於十方世界的淨、穢國土，弘傳此經，能令眾生書寫、受持、讀誦、解說經義、如法修行、正心憶念。這都是佛以威神之力的加被所致，惟願世尊，雖於此方緣盡，猶於他方化土，遙見守護。

【釋文】在人世的相處上，有時是事找人，有時是人找事，總之，此中無非就是一「緣」字。然當個己於能力、智慧皆已然達至某種程度時，則理應如菩薩般，作一不請之友，主動走入眾生的生活裡，將自身的關懷做出具體的付出與貢獻，且不求代價與回報，此不但是菩薩的本願，實然也是一切眾生的根本之性之願。在現今的社會裡，大多數人但求自身的安然，多不願過於涉入他人的生活，此表面看似是對隱私權的維護，實然亦容易埋藏著冷漠與無情。因此，若能勇於任事、願意承擔，行應行之事，為大眾之利而服務，此即是現前的菩薩，而如是的行為，即與諸佛菩薩相應，故自然得受諸天人眾的守護。

 ## 於利他中以成就忍辱

「即時諸菩薩，俱同發聲而說偈言：惟願不為慮，於佛滅度後，恐怖惡世中，我等當廣說。有諸無智人，惡口罵詈等，及加刀杖者，我等皆當忍。我不愛身命，但惜無上道。我等於來世，護持佛所囑，世尊自當知。」

【語譯】即時諸大菩薩，都異口同聲的說偈頌道：惟願世尊，不必以無人弘經為慮，我們於佛滅度之後的恐怖惡濁世中，當廣說此經。縱遇下

愚無智之人，惡口罵詈，誹謗毀辱，甚至以刀仗加害；我們為弘經故，自當怨親平等，一忍了事。我等寧可不愛身命，但不能不珍惜至高無上的菩提大道；於未來世，護持佛所囑託。耿耿此心，佛自當知，更何待言。

【釋文】在教育的歷程中，設有不同階次的分級，此於修行上亦然如是。即或已能自利利他的菩薩，尚需「破一品無明，證一分法身」的層層上進。唯至第八地（又曰：不動地、不退轉地），至此，才能有真實的定力。然細觀定力的養成，則是先能具備忍辱的修持，而忍辱的首要在於不瞋；為人若只想隨順著自己的習氣，無法相忍於一切的人事物，一遇不順得己心的，即瞋心起，則所謂：「一念瞋心起，百萬障門開」，顯可得見，往後的障礙皆將接連而起。在現前的社會裡，似乎大多數人，彷彿身上總是帶著炸藥般，只要一不順心或互看不順眼，即彼此大打出手，至此，更能體會若欲成就利他之行，則忍辱必將是一門重要的功課。

成為佛聖使者的意義與價值

「諸聚落城邑，其有求法者，我皆到其所，說佛所囑法，我是世尊使，處眾無所畏，我當善說法，願佛安隱住。我於世尊前，諸來十方佛，發如是誓言，佛自知我心。」

【語譯】諸凡居住在村落城邑的人，如其有求法者，我都到他們的所在之處，說佛所付囑的妙法。我是世尊欽命的使者，非初心菩薩可比；當能處眾無畏，智辯無礙的善說法要；願我佛安隱而住，勿以為慮。我今在面對世尊，及來自十方的分身諸佛，發出如此的深重誓言，惟佛神力，自知我心。

【釋文】當人生在有些歷練之後，終將漸漸有所覺醒：有關人生重要之事，於物質方面只要適量即可，而精神層面的富足才是關鍵。亦可言：

若想擁有自在幸福的人生，實然要由精神層面入手。唯所謂的精神層面，
是指對人群的無私奉獻，在人際上能互往關懷，彼此能有善的循環，如是
之行，將可使對物質的欲求不滿降至最低。至此，終能醒悟，唯有力行佛
聖之行，且將佛聖之道，勸勉他人能學習、能實證、能契入，使人人皆能
成為佛聖的使者，能處眾而無畏，必對眾生具有影響力，引導大眾共往康
莊大道前進，如是的生命價值與意義，實然等同於佛聖菩薩。故在修習佛
聖之學上，若只想自身一人獲得快樂，實然是不可能有真正的快樂可言，
必是由自利而至自利利他，乃至純為利他，此是佛聖之行，是確然之理。

〈安樂行品〉行道於身心安樂之處

 善用方法以安樂身心

「爾時文殊師利法王子菩薩摩訶薩，白佛言：世尊！是諸菩薩甚
為難有，敬順佛故，發大誓願，於後惡世，護持讀說是法華經。
世尊！菩薩摩訶薩，於後惡世，云何能說是經？」

【語譯】此時，文殊師利法王子菩薩摩訶薩，向佛請問：世尊！像這
些深位菩薩，是很難得的，他們為敬順佛旨，發大誓願，於佛滅後的惡濁
世中，護持、讀誦、為人解說此法華經。世尊！那初發大心的菩薩，他們
於佛滅後的惡世，必須要怎樣，才能夠說此經呢？

【釋文】當生命有一目標與方向時，但如何才能完成理想，是需要甚
多的善巧方便，絕非僅憑一腔的熱血即可臻至。尤其當面對人事境緣不佳
時，如何先能避免自身受傷過重，是為首要。即或是已發大願的菩薩們，
為能將佛聖之道弘傳，深修忍辱行，身雖可忍刀仗之害，但於菩薩而言是
危而非安；心雖能忍罵詈之辱，卻是憂而非樂，如是的弘經甚是難能且不
易，尤其是初發心者，反容易產生退轉之心，故此段先提問「云何能說是
經？」顯然，如何能使自身心皆能安樂，將決定佛法義是否能長久住世的
關鍵。故其後的經文是佛為後世學人開演有「四安樂行」。亦可言：即或
有心宣揚法華妙義者，能安住四法，且缺一不可，才有可能確然將法義傳
揚。至此，則更能體會：即或有理悟，則更需以事修來印證，絕非僅是自

身的發心而已。

 ## 身安住於不著行的忍辱柔和

「佛告文殊師利：若菩薩摩訶薩，於後惡世欲說是經，當安住四法。一者安住菩薩行處及親近處，能為眾生演說是經。云何名菩薩摩訶薩行處？若菩薩摩訶薩住忍辱地，柔和善順而不卒暴，心亦不驚，又復於法無所行，而觀諸法如實相，亦不行，不分別，是名菩薩摩訶薩行處。」

【語譯】佛告文殊師利道：若有菩薩摩訶薩，於佛滅後的惡濁世中，欲說此經，當安住於四種行法，缺一不可。一者，安住菩薩對無生法理的躬行實踐之處，及習近於無生法理之處，便能為眾生演說此經。什麼叫做菩薩摩訶薩的行履之處？若菩薩安住於忍辱之地，則應事接物，遇有違逆之境，不但外貌能柔和善順，隨宜活潑而不卒暴；就是內心也能鎮定不驚。還有：於所行的法，不著能行與所行之相，雖行而實無所行；即以此而觀察諸法，平等不二，性本空寂的如實之相，亦無所行，亦不分別。這就叫做菩薩摩訶薩的行履之處。

【釋文】這是第一身安樂行：為人處世，總不離與人應事接物，此中最重要的就是如何自利又利他，因此，若不能先收斂自己的習氣，則甚難與人相處愉快。且在現今鬥諍堅固的時代裡，唯自身能先具有忍辱行，才有可能將對方的無理火爆漸次調伏，然此乃甚為不易之事。簡言之，唯有能安住於忍辱柔和，才能漸次近於行而不著的空理。

觀察己心與親近善知識

「云何名菩薩摩訶薩親近處？常好坐禪，在於閑處，修攝其心，
是名初親近處。復次，菩薩摩訶薩，觀一切法空如實相。如虛空
無所有性，一切語言道斷。但以因緣有，從顛倒生，故說。常樂
觀如是法相，是名菩薩摩訶薩第二親近處。」

【語譯】什麼叫做菩薩摩訶薩的親近處？常好坐禪，在閑靜之處，思
惟研修，以收攝其散心，使之念念與實相相應，而入於正定，這就是菩薩
的初親近處。復次，菩薩摩訶薩，觀一切法畢竟皆空的如實之相。譬如：
虛空的無所有性，一切言語都說他不得。為什麼要說「一切法空如實相」？
因為一切法，但以因緣和合而有，顛倒妄想而生，所以要說；若以中道實
相之理觀之，都空無所有，性本不生。常常樂觀這法空實相，就叫做菩薩
摩訶薩的第二親近處。

【釋文】這是身安樂行之二：為學當要親近善知識，然法華的初親近
處，不在親近他人，而是要先親近己心。唯能善觀察自心的一念無明而起
時，此時正是對治自己的最佳處；若無法在第一念即觀察得到，一旦面對
繁複的人事物時，當自身的習氣一起，待事後才懊悔不堪，則實然已經來
不及了。又何者當親近？何者當遠離？此於初學者是甚為重要的判斷，若
不能遠離惡知識，則善知識亦難以近之。除於人的親近之外，於法亦然如
是，能善觀：法由心生，故一切法本空、無所有性，此即是對法的親近。

 善護口業以遠離憍慢

「又文殊師利！如來滅後，於末法中，欲說是經，應住安樂行。若口宣說，若讀經時，不樂說人及經典過。亦不經慢諸餘法師，不說他人好惡長短。於聲聞人，亦不稱名說其過惡，亦不稱名讚歎其美，又亦不生怨嫌之心。善修如是安樂心故，諸有聽者，不逆其意。有所難問，不以小乘法答，但以大乘而為解說，令得一切種智。」

【語譯】又、文殊師利！如來滅後，有誰於末法時期，欲說此法華經者，那就應當住於安樂行門。若在宣說或讀此經時，不可因機教差別，樂說聞經人及經典上的過失。也不可自恃法華圓教，輕慢別教等的諸餘法師，也不說他人的好惡長短。對聲聞人：也不指名說他的過惡，使其悔退；也不指名稱歎他的美德，使其滯於小果；更不可為秉教大小的不同，而生怨嫌之心。為能善修如是口業，使心得安樂之故；對所有聽眾，應隨順機緣，不可拂逆其意。如有疑難問題，前來請教者，不可以小乘法答，但以大乘教理為之解說，使他得到了照見中道實相的一切種智。

【釋文】這是第二口安樂之行：世尊一生所從事的工作，就是開班教學，由此可以領悟：所謂度人，宜先由理念的建立入手，簡言之；如何宣說法義是為第一要務。對於弘法者而言，不宜隨意批評或輕慢他人的過失，同理，稱揚時更宜謹慎小心而恰當。凡能為人言說者，確為不易之事，然眾生眼睛都是雪亮的，故自身若不能言與行並重，則終將是一場空花幻影而已矣！

意念平等以敬上接下

「又文殊師利！菩薩摩訶薩，於後末世，法欲滅時，受持讀誦，斯經典者，無懷嫉妒諂誑之心，亦勿輕罵學佛道者，求其長短。

當於一切眾生，起大悲想；於諸如來，起慈父想；於諸菩薩，起大師想；於十方諸大菩薩，常應深心恭敬禮拜；於一切眾生，平等說法，以順法故，不多不少，乃至深愛法者，亦不為多說。」

【語譯】又、文殊師利！若有菩薩摩訶薩，於後末世，佛法將滅之時，受持讀誦這法華經者，心裡不可懷著：嫉妒、諂曲、欺誑，也不可輕慢罵詈學佛道者，特意的伺隙求其長短。應當於一切眾生，憐其沉迷而起大悲拔濟之想；於諸如來，而起為生我法身的慈父之想；於諸菩薩，而起為授我以法的大師之想；於十方世界的諸大菩薩，常應以深重的至誠之心，恭敬禮拜；於一切眾生，愛無偏黨的為之平等說法，以順乎法理的歸納、演繹之勢，不多不少，適機為止，即令是深愛聞法的人，也不給他多說一句。

【釋文】這是第三意安樂行：此著重在遠離嫉妒、諂誑之心，唯能先將己心降伏以平等，才能進而敬上於諸如來、菩薩，接下於一切眾生為之說法。人間的不安樂，多源於人與人相處時，所產生的計較、爭執與猜忌等。故有言：修道要由意念入手，唯當自身能不惱亂於人，才有可能引來好學伴的共知與共行。

 ## 我成則他人亦當成

「又文殊師利！菩薩摩訶薩，於後末世，法欲滅時，有持是法華經者，於在家出家人中，生大慈心，於非菩薩人中，生大悲心，應作是念：如是之人，則為大失，如來方便隨宜說法，不聞不知不覺，不問不信不解。其人雖不問不信不解是經，我得阿耨多羅三藐三菩提時，隨在何地，以神通力、智慧力，引之令得住是法中。」

【語譯】又、文殊師利！菩薩摩訶薩，於末法後期，佛法將要滅盡的時候，若有持此法華經者：於學大乘的在家出家人中，起大慈心，而與以悟入佛道之樂；於學小乘的非菩薩人中，起大悲心，而拔濟其出離三界生死之苦。應當作這樣的念道：像此等人，可為大失，他們於如來方便隨宜所說的三乘權法，不聞、不知、不覺，而竟執權為實；既執權為實，當然於法華的一乘實法，也就不問、不信、不解了。他們雖不問、不信、不解此經，當我得無上正等菩提時，隨其所在之地，無論人、天、二乘，我皆以如來的神通、智慧之力，引導他們，使之住於這一乘實相的妙法之中，得一切種智。

【釋文】這是第四慈悲安樂行，人因於習氣的不同，故相應修學的方式各異，以是在修證上，必由離垢而逐步趣向清淨，於焉有階次之分。然法華是依眾生本願清淨以論，故一切眾生本來是佛，若能悟得此佛的知見，或可領解：唯有一切成，才可言自成。

 ## 勸修正道必當得益

「我滅度後，求佛道者，欲得安隱，演說斯經，應當親近，如是四法。讀是經者，常無憂惱，又無病痛，顏色鮮白，不生貧窮，卑賤醜陋。眾生樂見，如慕賢聖，天諸童子，以為給使。刀仗不加，毒不能害，若人惡罵，口則閉塞。遊行無畏，如師子王，智慧光明，如日之照。」

【語譯】我滅度後，求佛道的人，要想離諸險難，平平安安的說此法華；那就應當親近這身、口、意、慈悲的四種安樂行法。讀此經者，感得今世常無憂惱，又無病痛，容顏色澤，鮮潔清白；來世不受貧窮、卑賤、醜陋之報；眾生都渴望樂與相見，就跟仰慕賢聖一樣；又有天真童子，供

作給使;不為刀仗所加,毒物所害,縱有人想出言惡罵,也自知理曲無法開口。這樣遊行世間,好像師子之王,無所畏忌;其智慧光明,又好像日麗中天,遍照一切。

【釋文】為人的一生,其終竟結果將會如何?是無法被完全臆測得出的。但可以肯定的是:若所行是符合正法,則人生將是彩色而光明,反之;若所行是非法,則人生亦會由鮮亮轉為灰暗。以是而知:關鍵在於能得聽聞、明解、行持正法。而所謂「正」,就是「確而不易」,凡是正法真理皆將是歷經時空間而不變易,如:人際之間的五倫八德,與大自然環境的共生、共榮等。以是,若已親近行持正法,則將感受到自身的歡喜與幸福,此非物質所可比擬的。

〈從地踴出品〉無量菩薩從地踴出以寓開顯共行之義

 ## 此世此土此身的殊勝處

「爾時他方國土諸菩薩摩訶薩,於大眾中起,合掌作禮而白佛言:
世尊!若聽我等於佛滅後,在此娑婆世界,勤加精進,護持讀誦
書寫,供養是經典者,當於此土而廣說之。爾時佛告諸菩薩摩訶
薩眾:止!善男子!不須汝等護持此經,所以者何?我娑婆世界,
自有六萬恆河沙等菩薩摩訶薩,一一菩薩各有六萬恆河沙眷屬,
是諸人等,能於我滅度後,護持讀誦,廣說此經。」

【語譯】此時從他方國土到這裡來聽法華的諸大菩薩,他們從大眾中
起身合掌,恭肅禮儀,向佛請示的說:世尊!若聽許我們,於佛滅後,在
這娑婆世界,勤加精進,護持、讀誦、書寫,供養此法華經者,我們當在
這娑婆國土,廣說此經。此時,佛告訴諸大菩薩道:止!善男子!不需要
你們遠來護持此經。因為我們這娑婆世界,自有六萬恆河沙等菩薩摩訶
薩,每一菩薩,都有六萬恆河沙數眷屬;此諸菩薩及其眷屬人等,自能於
我滅度後,護持、讀誦、廣說此經。

【釋文】凡有心要弘傳正法,本不分他土與此土,然對於他方國土的
諸菩薩眾,願勤加精進,而於娑婆世界廣說法華,此舉為世尊所制止。此

中所表顯之意在於：因於不同國土的眾生，各有其不同的因緣，若能以近緣而為之引導，自能有較佳的效果。學人於此或可領悟：唯有把握現前的此世、此土、此身與所遇的因緣，這是最殊勝調伏自己的環境與人事。

 ## 無所著無所住的悠然弘傳

「佛說是時，娑婆世界三千大千國土，地皆震裂，而於其中，有無量千萬億菩薩摩訶薩，同時踊出。是諸菩薩，先盡在此娑婆世界之下，此界虛空中住。是諸菩薩，聞釋迦牟尼佛所說音聲，從下發來。一一菩薩，皆是大眾唱導之首。」

【語譯】佛說這話的時候，娑婆世界三千大千國土的地，都被震撼崩裂了！在這裂痕當中，有無量千萬億的大菩薩，同時踊出。此等菩薩，在此娑婆世界之下的的虛空中住，他們聽到釋迦牟尼佛所說：我娑婆世界，自有恆沙菩薩廣說此經的音聲，從下方出發，來此靈山。

【釋文】菩薩為應化世間，何以從地踊出，又何以於娑婆世界之下的虛空中住？此顯然，是為表法故。佛成就無上正等正覺，教化無量無數的菩薩眾，今佛為弘傳法華妙旨，諸菩薩聞佛音聲即同時從地踊出護持，此乃依奉佛為師尊，諸菩薩眾為弟子而然，是師徒關係的示現。菩薩住於此娑婆世界之下，表菩薩的謙卑；於虛空中住，表菩薩無所住；既無所住的法，亦無能住的我，能所雙遣，我法俱空，即是中道。學人於此或可領解：正法是否能長久住世，才是對眾生最為重要之事，因此，無所著於是否為自己的親人，或是自己的家鄉國土，只要因緣具足，則應無畏懼地前往弘傳，若真能如是的做到，才能言是以報一切的諸佛聖菩薩的深恩。

熏習精進於事修以證理悟

「爾時,四大菩薩而說偈言:世尊安樂,少病少惱,教化眾生,
得無疲倦?又諸眾生,受化易不?不令世尊,生疲勞耶?爾時世
尊,於菩薩大眾中而作是言:如是!如是!是諸眾生,世世以來,
常受我化,亦於過去諸佛,恭敬尊重,種諸善根。此諸眾生,始
見我身,聞我所說,即皆信受,入如來慧,除先修習學小乘者,
如是之人,我今亦令得聞是經,入於佛慧。」

【語譯】此時,四大菩薩說偈言:世尊!您可安樂,少病少惱,於教
化眾生的利他大行,不覺疲勞吧?所度化的一切眾生,受教容易不?他們
不使世尊生疲勞吧?此時,世尊對菩薩大眾說:如是、如是,此諸眾生,
不但世世以來,常受我化;而且也曾對過去諸佛,恭敬尊重,深深的種植
了諸多的善根德本。所以,他們最初見我身時,聽我說大教,便都能夠信
受,入如來智慧。至於當時不解大教,先修學小乘的鈍根人,幾經方便調
伏,到今天大機已熟,我也教他們聞此法華,入佛智慧了。

【釋文】法義的熏習需仰賴時間,若能長久不間斷的思惟,於臨事時
才有可能產生力量以對治之。若遇事的當下,仍隨順著自己的習氣,則代
表熏習的程度是不夠的,於此,更應努力於理悟上再下功夫。學人若能如
是的反覆再反覆、用心再用心,則必能有以事修證理悟之期。

廣集共行的殊勝力量

「爾時,彌勒菩薩,及八千恆河沙諸菩薩眾,皆作是念:我等從

昔以來，不見不聞如是大菩薩摩訶薩眾，從地踊出，住世尊前，合掌供養，問訊如來。時彌勒向佛以偈問曰：無量千萬億，大眾諸菩薩，昔所未曾見，願兩足尊說，是從何所來？以何因緣集？巨身大神通，智慧叵思議。其志念堅固，有大忍辱力，眾生所樂見，為從何所來？」

【語譯】此時，彌勒菩薩，及其他八千恆河沙數諸菩薩眾，都作此疑念：我們從往昔以來，不曾見過，也不曾聽說過，這麼多的大菩薩，從地踊出，住於世尊面前，合掌供養，問訊如來起居安隱。此時，彌勒合掌向佛以偈問道：這無量千萬億的大菩薩眾，是我們昔所未見，唯願福慧兩足的世尊，給我們解說這以下三疑：一、這些踊出的菩薩，都是從哪裡來的？二、他們來此集會的因緣為何？三、菩薩的大身、大神通、不可思議的智慧、堅固的志念、大忍辱力，這些為眾生所樂見的德相，又都是從何法所來？

【釋文】若言度眾生是為人本具的先天之德，然如何才能真實具有廣度眾生的能力，此則絕非僅憑一腔的熱誠即可達成。以是，各經典中一再提及：佛是福慧兩具足，菩薩具有六度萬行等。如是皆在說明：唯當自身能具有德行、智慧與能力時，才能對眾生有所助益；如是，若能再結合更多的志同道合，則所成就之事將更行殊勝。

圓往昔所結之緣

「爾時世尊告彌勒菩薩：我於是娑婆世界，得阿耨多羅三藐三菩提已，教化示導是諸菩薩，調伏其心，令發道意。此諸菩薩，皆於是娑婆世界之下，此界虛空中住，於諸經典，讀誦通利，思惟分別，正憶念。阿逸多！是諸善男子等，不樂在眾，多有所說，

常樂靜處，勤行精進，未曾休息，亦不依止人天而住。常樂深智，
無有障礙，亦常樂於諸佛之法，一心精進，求無上慧。」

【語譯】此時世尊告彌勒菩薩道：這些從地踊出的無量無數的大菩
薩，都是我在這娑婆世界，證得阿耨多羅三藐三菩提後，教化示導此等菩
薩，調伏其心，使之發無上道意的。此等菩薩，都在這娑婆世界之下的虛
空中住，於一切經典，讀誦通利，思惟審慮，分別法相，正其憶念於真如
之境。他不樂意在喧囂的眾人中，放言高論，多有所說；經常樂於閑靜獨
處，勤行精進，未曾休息。也不依止於三界有漏的人、天而住，常樂修行
那甚深的無漏智慧，斷惑證理，自在無礙；也常樂修諸佛的一乘教法，一
心精進，求得無上佛慧的道果。

【釋文】佛法論三世因緣果，今生能得遇何人、何事，皆是往昔所種
之因。以是，若能在今世得遇善緣以成就善事，實然皆是往昔能先助人、
愛人而所獲得的結果。成佛雖需歷經無量數劫，但時時、處處能廣結善緣，
則為世世的所當行。

一期的生命與久遠的慧命

「爾時彌勒及無數諸菩薩等，即白佛言：世尊！如來為太子時，
出於釋宮，去伽耶城不遠，坐於道場，得成阿耨多羅三藐三菩提，
從是以來，始過四十餘年，世尊云何於此少時，大作佛事，以佛
勢力，以佛功德，教化如是無量大菩薩眾，當成阿耨多羅三藐三
菩提。如此之事，世所難信。」

【語譯】此時，彌勒及無數諸菩薩等，向佛問說：世尊！如來做太子
時，出釋氏宮，去到距伽耶城不遠的菩提樹下，就坐道場，得成無上正等

覺的佛果。從此暑往寒來，不過四十餘年，世尊何以在此少許時間，作偌大的佛事，以佛斷惑的勢力，萬行的功德，教化這無量大菩薩眾，當成阿耨多羅三藐三菩提呢？像這樣的事，恐為世人所難信。

【釋文】這是有關「以少教大」的提問，何以能在短時間而成就廣行教化的大事？依現實世間而論，世尊悟道至涅槃，僅約四十多年，何以能得無量數菩薩從地踊出護持。然如是之疑，只是一場示現而已，是彌勒與諸菩薩代世間凡夫而提問；因常人多有無形的井，目光短淺，無法深悟無量的時、空間，而法華所論唯在：壽命無量，換言之；色身雖有生滅，但法身卻是甚大久遠、壽命無量。於此，學人當能領悟：一期生命的長短，是應時而現，關鍵在當要離去時的心態與願力，此將攸關著自己的慧命。

忍辱與定力是成就的第一行持

「是諸菩薩等，志固無怯弱，而行菩薩道，巧於難問答，其心無所畏，忍辱心決定，端正有威德，十方佛所讚，善能分別說，不樂在人眾，常好在禪定，為求佛道故，於下空中住。」

【語譯】這些菩薩，志願堅固，毫無怯弱，他們從無量劫前的久遠以來，就修行菩薩道。怎樣修行？一、對於難問答的深義，能善巧問答，心無所畏。二、決定心能忍辱，儀表端嚴，有大威德，為十方諸佛所讚歎。三、善能分別演說諸法。四、不樂在慣鬧的人眾中，常好禪定，為求佛道之故，住於下方虛空。

【釋文】能成就佛聖，是將人的本來面目恢復而已，但因於所處環境的種種誘惑，反容易引來不同程度的貪瞋癡慢疑，以是終在生死煩惱的輪迴中而無法出離。以是，如何在現實環境中修行，則成為重要的關鍵，如：忍辱，為人通常容易與持不同意見者，產生對立乃至怒控，少有能自見己

過而自我反省者，而忍辱的修行，正是對治瞋慢的最佳良藥。又如：善巧而無所畏，為人除自我修行外，要能更進一步以引導他人，而能深具善巧方便的因人治人、因法治法，才能使人確實得利。又：定力的不退轉心，不論是自修或利他，此中最難能可貴的就是恆心；常人較容易有一時的初發心，但持續為之則難，因此，如何能令自己入於不退轉地，則親近法義與善知識，是絕不可疏忽的。

〈如來壽量品〉成佛以來甚大久遠、如來壽命無量

 ## 今日的成果源於昨日的深耕

「爾時世尊告諸菩薩言：汝等諦聽，如來秘密神通之力，一切
世間天人及阿修羅，皆謂今釋迦牟尼佛，出釋氏宮，去伽耶城
不遠，坐於道場，得阿耨多羅三藐三菩提。然善男子！我實成
佛以來，無量無邊百千萬億那由他劫。」

【語譯】此時，世尊告訴諸菩薩說：汝等諦聽！如來由本寂不動的
法身理體，垂迹應化，妙用無方，這是一向不輕傳的秘密神通之力。一
切世間天、人、阿修羅，都以謂：今日的釋迦牟尼佛，出自釋氏王宮，
去到離伽耶城不遠的地方，坐菩提道場，才證得阿耨多羅三藐三菩提。
然，善男子！我實成佛以來，無量無邊百千萬億那由他劫了，並不是今
世才證得佛果。

【釋文】這是對於世尊何以在短暫的四十多年中，即可教化無量眾
生的說明。今日之事，必有其過去之因，以是，所謂的成佛已然並非是
一世可成之事，是無量劫來早已得證。學人由此或可領悟：唯有努力於
每一個當下，才是最重要之事，因一切的成果都是多生多劫所累積而來。
即或是面對甚為難以忍受之事，其究竟仍是自己所造就而成，於此，若

真能有所體悟,則將不再自怨自艾,只能積極反省而精進於未來。反之,若僅執著於眼前人事物所呈現之境,唯一旦陷溺其中,不但難以超脫困境與煩惱,可能會帶來更多難以想像的痛苦,實然不值啊!

 ## 返歸本來的歡喜與幸福

> 「諸善男子,於是中間,我說燃燈佛等,又復言其入於涅槃,如是皆以方便分別。諸善男子!若有眾生來至我所,我以佛眼觀其信等諸根利鈍,隨所應度。處處自說名字不同,年紀大小,亦復現言當入涅槃。又以種種方便,說微妙法,能令眾生發歡喜心。」

【語譯】諸善男子!我初自無始成佛,終至靈山法會,在這初、終二時中間,我曾說過,遇燃燈佛授記,賢劫作佛;又說,燃燈入於涅槃,這都是以方便分別,實際上並非如此。諸善男子!若有眾生來至我所,我以佛眼觀察其信、進、念、定、慧,這五種能生一切善法的根性,利鈍差別,隨其機感,以所適應的教法,來度化他們。所以在在處處,自說應身的名號,各別不同;住世的年紀大小,亦各有異;又復於本不滅度的法身,示現滅度,而言如來當入涅槃;又為實施權,以三乘方便,說一乘妙法,能令眾生聞法得益,發歡喜心。

【釋文】法華的妙義,在於將眾生執於眼前一切的生死、煩惱等現象,向上提昇於實際理域;將糾結不清的是非恩怨,返歸回久遠的本來。當眾生的心境知見不同時,則現象界的一切,也只是一剎那的生滅呈現而已,唯有如此的契入,才能將難以割捨的了然放下,將不堪忍受的淡然處之。至此,或能體證:原來真實的我,本就是快樂、歡喜、幸福的。

不同的見地帶來不同的人生

「諸善男子！如來所演經典，皆為度脫眾生，或說己身，或說
他身；或示己身，或示他身；或示己事，或示他事，諸所言說，
皆實不虛。所以者何？如來如實知見三界之相，無有生死，若
退若出；亦無在世及滅度者；非實非虛，非如非異；不如三界，
見於三界。如斯之事，如來明見，無有錯謬。」

【語譯】諸善男子！如來所演說的經典，無論哪個法門，其旨趣，
都是為度脫眾生的。或說己身，或說他身；或示己身，或示他身；或示
自他修因證果，度化眾生之事。總而言之，如來所有的一切言說，都是
真實不虛。何以真實不虛？如來以真如實智，所照見的三界之相，無一
法可得，沒有凡夫的生死，三乘的退入與出離；也沒有諸佛的出現於世，
及入於涅槃；非三乘斷證的實義，凡夫妄見的虛幻；非一如，亦非別異。
這不同三界眾生所見的三界之相。如此之事，如來明瞭知見，實無錯謬。

【釋文】人生總免不了生老病死、是非恩怨，再加上五欲六塵、貪
瞋癡慢等，於是形成一極為複雜的人事糾葛。更有甚者，於當世已混沌
不明，在臨終時還妄言預約來世，以是相續不斷地循環輪迴著，或是不
知醒、也或是不願醒。唯若能對世尊的法義有深入的領悟，或許能將困
於眼前的所執一切，超然返回廣大的真實本來，若能如是，則其人生的
高度、廣度與深度，自能有不同的風景。

體證無常於日常生活中

「如是我成佛以來，甚大久遠，壽命無量阿僧祇劫，常住不滅。

諸善男子！我本行菩薩道所成壽命，今猶未盡，復倍上數。然今非實滅度，而便唱言當取滅度，如來以是方便教化眾生。所以者何？若佛久住於世，薄德之人，若見如來常住不滅，便起憍恣而懷厭怠，不能生於難遭之想。是故如來雖不實滅，而言滅度。」

【語譯】如以上所說，我成佛以來，實甚久遠，壽命無量阿僧祇劫，常住不滅。並非方便示現那伽耶成道，雙林入滅的無常。諸善男子！我於本因行菩薩道時，所成就的壽命，今猶未盡，更復倍於以上所說的無量阿僧劫數。然今所謂的滅度，並非實滅，而便唱言當取滅度者，那不過是如來假此方便，教化眾生而已。為什麼要方便示滅？假使佛久住於世，那樂小法的薄德之人，若見如來常在不滅，便憍慢恣縱，心懷厭倦，不能生起難遭之想及恭敬之心。因為這個緣故，如來雖不實滅，而假方便說為滅度。

【釋文】人生雖言短暫，但若能有好的德行足以為典範，則看似雖只有一世的生命，卻是可與宇宙同體、無極同壽。唯一期生命的窮盡時，大多數人是無法預知的，故如何把握每個因緣，此是學人所應努力之處。若在人生的終盡時，能無有罣礙地告別，或亦可謂是坦然的一生。

 ## 要能善用各種因緣與方式

「譬如良醫，以有事緣，遠至餘國。諸子飲毒，父求好藥草，與子令服。其諸子中，不失心者，即便服之，病盡除癒。餘失心者，而不肯服。父復至他國，遣使還告，汝父已死，是時諸子聞父背喪，心遂醒悟，即取服之，毒病皆癒。其父聞子悉已得差，尋便來歸，咸使見之。」

【語譯】譬如有一位良醫，因事遠赴他國。他的孩子們，誤飲毒藥，父親返國後，求好藥草，囑子們服用。諸子中，中毒較淺而不失本心的，立即服用，病苦就完全除滅，恢復正常。其餘迷失本心的，卻不肯服用。於是，父親又到其他國去，並遣使回國報說：您們的父親已死，這時諸子，驚聞父喪噩耗，遂如夢方醒，悟得本心，乃取藥而服食，那毒病就都完全好了。遠在異國的父親，聽說孩子們的病都已痊癒，便即回國，使他闊別已久的孩子們，都能見到父親的慈容。

【釋文】此是《法華經》中的「良醫治病」喻：為求治病，除有好的藥草之外，更要能引導病人按時服藥；若遇不肯配合者，良醫亦會善用各種方式以達治癒之效。世尊以此說明：如來的法身壽命本是無量，但為度化眾生故言入滅，以使眾生能珍惜得遇法緣的殊勝難得。細思：人生無法再重來一次，也可以說，只有一次的機會；如何提昇、超越自己，是掌握在自己的行動上，否則，即或是諸佛菩薩現前亦是枉然。

 ## 真誠追隨與佛同在

「佛言：我亦如是，成佛以來，無量無邊百千萬億那由他阿僧祇劫，為眾生故，以方便力，言當滅度，亦無有能如法說我虛妄過者。爾來無量劫，為度眾生故，方便現涅槃，而實不滅度，常住此說法。我常住於此，以諸神通力，令顛倒眾生，雖近而不見。我見諸眾生，沒在於苦惱，故不為現身，令其生渴仰。因其心戀慕，乃出為說法。」

【語譯】佛說：我也是這樣的，自成佛以來，經無量無邊阿僧祇劫，為度眾生之故，以方便權智之力，說當滅度，而實不滅，也無人能如法合理的說我有虛妄過失。自無量劫來，為度眾生故，不得不假設方便，

示現涅槃；實則，我並沒有滅度，依然常住在這娑婆世界，教化說法。
我雖常住在此，而以神通之力，使顛倒眾生，雖近在目前而不得見佛。
總而言之：我見眾生，沉沒在生死苦海，便隱身不現，使他們心生渴仰；
既生渴仰，則現身為其說法。

【釋文】在世俗的人事相處上，常有所謂「善意的謊言」，唯此是需
立足於確然能對其人有實質的助益，簡言之；是為求人事的更為圓滿，
且於周遭相關人員能無所損傷，而不是為單方面以隱瞞事實真相，如是，
反容易造成日後難以收拾的局面，因此，是否為虛妄之言，則需以長遠
的圓善為考量。以是，佛未滅度而言滅度，或許可啟示後人：若能真誠
追隨佛言與佛行，則實然久遠地與佛同在。

造業不同則所見也不同

「是諸罪眾生，以惡業因緣，過阿僧祇劫，不聞三寶名。諸有
修功德，柔和質直者，則皆見我身，在此而說法。或時為此眾，
說佛壽無量；久乃見佛者，為說佛難值。我智力如是，慧光照
無量，壽命無數劫，久修業所得。」

【語譯】這些罪障眾生，以其惡業因緣之故，縱經阿僧祇劫，也不
得聞知佛、法、僧三寶之名。反此罪障，而有修行功德，柔和樸實的，
那就可以見我在此說法了。或者有時，為此得見佛身的眾生，說佛壽命
無量，教他們心生歡喜。或者有時，為五濁垢重，久久乃得見佛者，說
遇佛甚難，教他們心生渴仰。我智慧之力，光照二諦無量法門，壽命無
數阿僧祇劫，這是久修淨業所得，並非偶然。

【釋文】為人的身口意所行，皆將留下痕迹，此即是習氣，習氣則
成為性格，性格則決定命運。亦可言：若想改變命運，則需先由身口意

的習氣入手，身不違犯殺、盜、淫，口不犯惡口、兩舌、綺語、妄言，意念無有貪、瞋、癡等，唯有時時注意自己的身口意，才有可能將無始以來的習氣逐漸淡化，轉染污為清淨。如佛所言：「心淨則佛土淨」、又：「一切法由心想生」，如是之義，皆在說明：於造作的業因不同，則個人所將承受的業報也將不同。簡言之，自身所需面對的一切事情，皆是自己造作而來的，其結論就是「自作自受」，深思之：確然是如此。

〈分別功德品〉修功有所得益的分別淺深

 樂於付出的殊勝助益

「爾時大會聞佛說壽命劫數，長遠如是，無量無邊阿僧祇劫眾生，
得大饒益。於時，世尊告彌勒菩薩摩訶薩：阿逸多！我說如來壽
命長遠時，六百八十萬億那由他恆河沙眾生，得無生法忍。……
得聞持陀羅尼門。……得樂說無礙辯才。……得百千萬億無量旋
陀羅尼。……能轉不退法輪。……能轉清淨法輪。」

【語譯】此時在靈山大會，聞佛說壽命劫數，如此長遠；有無量無邊
阿僧祇這麼多眾生，獲得很大的功德利益。世尊在說罷壽量時，告訴彌勒
菩薩道：阿逸多！當我說如來壽命長遠的時候，有六百八十萬億那由他恆
河沙數的眾生，證得無生法忍。又有得聞持陀羅尼門。又有得樂說無礙辯
才。又有得百千萬億無量旋陀羅尼。又有能轉不退法輪。又有能轉清淨法
輪。

【釋文】於世俗的教育體系裡，是設有常態性的階次，也就是說：在
學習的歷程中，必由淺而深，如是的規範可令學人有其可遵循的依據。此
於世俗教育是如此，於修行上亦然，必先能安住於本不生滅的實相理體，
再進而對所聞的教法能憶持不失，乃至除能自解亦兼樂說化他，以致通達
無量法門，且證登不退轉，終至遠離垢染而不為譽利所動。唯如是的階次，
是為說明淺深的不同，然於修學上，是可隨意取捨而左右逢源的，簡言之；

若能樂說化他，將有助於對教法的憶持不失與安住實相之理等。

由淺至深的層層入細於心

「復有小千國土微塵數菩薩摩訶薩，八生當得阿耨多羅三藐三菩提。……四生當得阿耨多羅三藐三菩提。……三生當得阿耨多羅三藐三菩提。……二生當得阿耨多羅三藐三菩提。……一生當得阿耨多羅三藐三菩提。」

【語譯】又有一小千國土微塵數的菩薩摩訶薩，超入四地，尚餘八生當得無上正等正覺。……又有超入八地，尚餘四生當得無上正等正覺。……又有超入九地，尚餘三生當得無上正等正覺。……又有超入十地，尚餘二生當得無上正等正覺。……又有超入等覺，尚餘一生當得無上正等正覺。

【釋文】佛門對於修行的次第，大抵分為五十二階位：十信、十住、十行、十迴向、十地、等覺、妙覺。例如：入第四地的菩薩，尚餘八生則可證得佛果，以此類推。唯不論修行的階次如何的列分，此中最重要的就是當在完成自利後，必然要力行利他，且在一切的利他過程中，能證得不退轉與清淨心，如是的歷練，確然是如人飲水，冷暖自知。尤其在與群體相處時，若不能在繁複的人事中，以增長淬練自己的意志，則終將在煩惱的輪迴中流蕩不已，至此，則將更能體悟：無有垢染且不為譽利所動的難得。或許學人可先用功之處：就是先能控制自己的情緒，簡言之；觀視一切眾生，不在其人的外相，而是以其佛性為所觀，確然做出真誠禮敬的行為，以破除我執與眾相融。

由深心信解以至力行實證

「爾時,佛告彌勒菩薩摩訶薩:阿逸多!其有眾生,聞佛壽命長遠如是,乃至能生一念信解,所得功德,無有限量。若有善男子、善女人,為阿耨多羅三藐三菩提故,於八十萬億那由他劫,行五波羅蜜:檀波羅蜜、尸波羅蜜、羼提波羅蜜、毘黎耶波羅蜜、禪波羅蜜,除般若波羅蜜。以是功德比前功德,百分、千分、百千萬億分,不及其一,乃至算數譬喻所不能知。若善男子、善女人,有如是功德,於阿耨多羅三藐三菩提退者,無有是處。」

【語譯】此時,佛告彌勒菩薩道:阿逸多!若有眾生,聞佛的壽命,如此長遠,乃至能生一念信解心者,那他所得的功德,就沒有限量了,何況深心信解的功德而有限量嗎?若有善男子、善女人,為求無上菩提之故,於八十萬億那由他的長劫期間,修行六度的前五度:布施、持戒、忍辱、精進、禪定,唯除第六的般若一度。以此五度功德,與前一念信解佛壽長遠的功德校量,此功德的百分、千分、百千萬億分,也不及其信解的功德一分,乃至非算數譬喻所能了知。若善男子、善女人,以這樣信解功德,而於無上菩提,猶生悔退心者,絕無是處。

【釋文】佛門強調「信為道源功德母,長養一切諸善根」,唯所謂信,實然需在力行當中以呈顯,簡言之;唯有依教奉行,才可名為信。由深心信解以力行五度波羅蜜,則可成就定力,再依定以發慧,亦唯有慧才能真實斷除煩惱以獲得安樂。

 ## 與佛同壽度眾的信心與願力

「其有諸菩薩，無量劫行道，聞我說壽命，是則能信受。如是諸
人等，頂受此經典，願我於未來，長壽度眾生，如今日世尊，諸
釋中之王，道場師子吼，說法無所畏。我等未來世，一切所尊敬，
坐於道場時，說壽亦如是。若有身心者，清淨而質直，多聞能總
持，隨義解佛語，如是之人等，於此無有疑。」

【語譯】其有諸菩薩，於無量劫來，久修諸度，深植善本，他們聽我
說壽命久遠，便能信解受持。此等菩薩，頂戴受持這法華經典，發大誓願，
他說：願我於未來世，壽命長遠度化眾生，也像今日的世尊，為釋迦種族
中的無上法王，坐道場如師子吼，說法自在，無所畏怖。我們於未來世，
為一切眾生之所尊敬，坐道場說如來壽量的時候，也如今日的釋迦世尊說
法一樣。若有深心殷重的人，清淨無染，質直樸實，見聞廣博，而能總持
不失，隨著經義以理解佛語。像這等人，於此法華，那就沒有疑惑了。

【釋文】細觀：在不同的人生階段中，自有其不同的煩惱，也可以說：
因於時、空間的變動中，我們的意識就像瀑流一般，是剎那也無法停止的。
因此，如：唯識宗有轉識成智之說、淨土宗則主張以一念代萬念、禪宗以
靜坐培養定力而保持現觀等，如是都在說明：若能突破時、空間的所限，
則可以生死自在、解脫煩惱。學人是否能真發願力與佛同壽而度眾生，此
或為契入佛境的關鍵點吧！

由己而人的廣開無量智慧

「又阿逸多！若有聞佛壽命長遠，解其言趣，是人所得功德，無
有限量，能起如來無上之慧。何況廣聞是經，若教人聞；若自持，
若教人持；若自書，若教人書；若以華香、瓔珞、幢幡、繒蓋、
香油酥燈，供養經卷，是人功德，無量無邊，能生一切種智。」

【語譯】又阿逸多！設若有人，聞佛說壽命長遠，能順指觀月，瞭解其言說義趣者，此人所得的功德，無有限量，便能生起如來的無上智慧。何況廣聞此經，或教人亦聞；或自己受持，或教人受持；或自己書寫，或教他人書寫；或以華香、瓔珞、幢幡、繒蓋、香油酥燈，來供養經卷，此人的功德，豈不更大，大得無量無邊，能生如來的一切種智。

【釋文】如世俗所言：「聞經不如持經，持經不如講經，講經不如依經而行。」一切諸佛菩薩的法義開演，其終究方向在導引眾生，能契入無量法界其總體是為一，簡言之；凡所有生命或存在的現象，皆是相融為一體，因於彼此互為因果關係的存在，故一即一切，一切即一。以是，若能深悟佛壽命無量的義趣，則如何將個己的一期生命，廣開入於長遠無量的慧命裡，其唯一的方法，就是愛人如己、助人如己；轉個己的小情小愛，以成就大情大愛，如是，才能由私自的情緒糾葛中超脫出來，此或可為佛開演壽命無量的義趣所在。

 ## 行持經義如同建寺立塔

「阿逸多！若我滅度，聞是經典，有能受持，若自書、若教人書，則為起立僧坊，高廣嚴好，百千比丘，於其中止。如是僧坊堂閣，其數無量，以此現前，供養於我，及比丘僧。是故我說：如來滅後，若有受持讀誦，為他人說，若自書、若教人書，供養經卷，不須復起塔寺，及造僧坊，供養僧眾。」

【語譯】阿逸多！若我滅度以後，以聞此經典，而能受持者；或自己書寫，或教他人書寫，那就是等於起立僧坊，莊嚴妙好，為百千比丘的止息之所。輾轉弘化此經，就是等於以如此的僧坊堂閣，無量百千萬億，來供養於我，及比丘僧眾了。因此，我說：如來滅後，設若有人受持讀誦此

經，為他人說，或自己書寫，或教他人書寫，以供養經卷；不須要再起塔寺，及建造僧坊，來供養僧眾了。

【釋文】在現今所謂的鬥諍堅固的時代裡，即或是有心修學的人，一旦入於群體的生活裡，亦難避免各種堅持上的紛爭，以是，在如是的時代環境裡，看似修行的人甚多，但亦容易產生退轉之心。如佛的開示：能自行受持、書寫，更兼化他，則是殊勝於建寺立塔。依佛意，一切所設本是為表法義，然眾生反容易為外相所困，更有甚者，因之而產生彼此的爭奪，故如經文所示：若能依經義而行持，則等同供養如來及僧眾。學人或可由中以領悟佛的意旨。

 ## 自身之行明備，外境才能如意

「況復有人能持是經，兼行布施、持戒、忍辱、精進、一心、智慧，其德最勝，無量無邊。譬如虛空，東西南北，四維上下，無量無邊，是人功德，亦復如是無量無邊。疾至一切種智。阿逸多！若我滅後，諸善男子、善女人，受持讀誦是經典者，復有如是諸善功德，當知是人，已趣道場，近阿耨多羅三藐三菩提，坐道樹下。」

【語譯】何況有人能受持此經，還兼行六度：布施、持戒、忍辱、精進、一心、智慧。他的功德最為殊勝，無量無邊。譬如：十方虛空，東、西、南、北、四維、上、下，橫窮豎遍，無量無邊。此人的功德，也同虛空是一樣的無量無邊，很迅速的就到達一切種智的果地。阿逸多！倘若我滅度後，那諸善男子、善女人，受持讀誦這《法華經》者，又有以上所說的六度功德；當知此人，已趣向道場，鄰近無上正等正覺，坐在菩提的道樹下。

【釋文】佛聖的成就，在於將至真、至善、至美的本性呈顯出來，以是，若能依循其教誨而力行實踐，由起初的信解法義，兼而勸導他人，且於自身的六度又能明備，如是之行，實然可謂已近佛聖之行，則亦必能感得天人的擁護。以是，所謂的神通，可以是意指當自身的心行能與佛聖相應時，則所行之事的如意成功，將使人難以置信的順利完成，至此，或才能真信決然是有佛聖的加持力。

〈隨喜功德品〉隨喜功德的殊勝與校量

 觀照於善而隨喜之

「佛告阿逸多！如來滅後，聞是經隨喜已，隨力演說，復行轉教，
如是輾轉至第五十，聞法華經隨喜功德，尚無量無邊阿僧祇。何
況最初於會中，聞而隨喜者，其福復勝，無量無邊阿僧祇，不可
得比。」

【語譯】佛告阿逸多！到如來滅度以後，有聞此法華經隨喜已竟，且
能隨力演說，聞說者亦隨喜轉教，這樣輾轉相傳，至最後的第五十人，如
此，次第輾轉聞法華經而隨喜的功德，尚且無量無邊阿僧祇；何況最初在
法會中，直接聞經隨喜的人，其福豈非更勝，縱使無量無邊阿僧祇，也不
可和他相比。

【釋文】見他人所行善事，若能當下隨喜，則可謂與其共入善行。同
理，若他人所行是惡事，雖只在旁搧風增助，亦與之同成惡業。故所謂的
隨喜，是必須有智慧的觀照才可行之。在現今的時代裡，大多數人都為謀
求私利以致爭奪不已，有時並非是自身有太多堅持，但在跟隨大眾的推波
之下，也毫不自覺地共成其行。由是以思：對於佛聖法義的聽聞，若是由
輾轉所聞，則難免會有道聽塗說、以訛傳訛之嫌，若是能得於當下的耳提
面命，此兩者相以比較，實然不可同日而語。此中，最重要的是，即或去
佛聖已久遠，然歷代皆有各宗祖師的傳承，若能明辨其確為正道、正法，

但亦非固執而不知變通，此是學人需用心之處。

擇淨因才能得淨果

> 「佛告彌勒：我今分明語汝，是人以一切樂具，施於四百萬億阿
> 僧祇世界六趣眾生，又令得阿羅漢果；所得功德，不如是第五十
> 人聞法華經一偈隨喜功德；百分、千分、百千萬億分，不及其一，
> 乃至算數譬喻所不能知。」

【語譯】佛告彌勒：我今天明白的告訴你說：此人以一切樂具，施於
四百萬億阿僧祇世界的六趣眾生，又教他們得阿羅漢果；他所得的功德，
還不及這第五十人，聞法華經一偈的隨喜功德；那怕他百分、千分、百千
萬億分的布施功德，也不及隨喜一分；乃至非任何算數譬喻之所能知。

【釋文】且觀照世間的每一個人，各有其不同的因緣果報呈現，此中
確然是有不同等級的勝與劣。依於因緣果而論，由如是因必得如是果：若
著重於財施，則所得的果報在人天享福，然福盡必將再入於六道輪轉，故
為不究竟處。若著重於個人的依法修行，則其果報是阿羅漢，雖已入於聖
界，但仍非究竟處。唯能隨喜於法華一乘，以成佛度眾生為其目標，如是
才可謂是超凡越聖得大自在，故隨喜內容的殊勝與否確然重要。顯然，學
人首要確立的就是目標方向，即或過程艱辛與漫長，若能有堅定的指引方
向，才能在修學之道上，逐步踏實邁進。以是，歷來佛聖總是強調「因地」，
更有「菩薩畏因」之語，如是皆在顯明：唯有擇淨因才能得淨果。

親臨與會的殊勝因緣

「阿逸多！如是第五十人，輾轉聞法華經隨喜功德，尚無量無邊
阿僧祇，何況最初於會中，聞而隨喜者，其福復勝，無量無邊阿
僧祇，不可得比。」

【語譯】阿逸多！像這第五十人，由甲傳乙，乙傳丙，次第輾轉聞法
華經而隨喜的功德，尚且無量無邊阿僧祇；何況最初在法會中，直接聞經
隨喜的人，其福豈非更勝，縱使無量無邊阿僧祇，也不可和他相比。

【釋文】佛法特別強調因緣果報，且一再地提醒人們：當深觀自身的
正報與依報。且觀現今在同一地球上的全體人類，可謂是生活在同一空間
裡，又因於在資訊發達的時代裡，人們當更能感受不同果報的差異程度。
如：有出生於戰亂的環境裡；有仰賴垃圾山生活與居住的；有生活在恍若
與世隔絕之地；然也有生活在物質極度豐富的國度裡，且由之而沉溺於賭
與毒的世界中而不可自拔等。想來，若不能有正向的指導目標，即或是物
質不匱乏，但心靈的貧窮才是真正的亂源。釋迦佛已為後人做最佳的示
範，其自願放棄人間最高富貴的王位，此中實然蘊含甚深之義：物質的富
有是無法徹底解決內心的貧乏，反之；若能秉持簡單的生活、單純利人的
心思，以正法與眾生共勉相處，唯當內在滿足時，則外在的環境自能盡如
人意。故即或是輾轉得聞法義而隨喜者，其殊勝已然無法比擬，更何況是
在當下與會聽聞者呢！

 ## 等視一切生命其本同源

「阿逸多！若人為是經故，往詣僧坊，若坐，若立，須臾聽受，
緣是功德，轉身所生，得好上妙象、馬、車乘、珍寶、輦輿，及
乘天宮。」

【語譯】阿逸多！假定有人，為慕此法華經故，去到僧寺，或坐、或立，須臾之間，暫得聽受，以此聽經功德，來世轉生人、天，便得上好美妙的象、馬、車乘、珍寶、輦輿，及所乘載的天宮。

【釋文】古人有云：「讀萬卷書，行萬里路」，前者在說明：於閱讀佛聖的經典中，可以提昇自我的見地；後者則在說明：尚需實際考察當其時人事物的種種環境，如是兩者結合，才可能有最得力的幫助。學人首先就是要能闊開自己的見地，唯在當今資訊網路甚為發達的時代裡，人們所能接收的訊息可謂是來自四面八方，雖取得容易，但若不能有正確的判斷，則將淹沒在爆炸的資料堆裡而不知所措。以是，如何才能廣傳正確的見地，有助於全體生命的共同提昇，是為現前的當務之急。法華特言「開佛知見」，故若能自往聽經，在廣聞法義的過程中，以佛法義而自淨心念，且純然依經義以提昇自身見地，則由之所衍生的影響層面，實然勝於只是一念的隨喜而已。為人通常因於所生長環境的侷限，故所見、所聞總有其圍，唯有能廣受佛聖的教導，才能將眼界放廣、放深，等視一切生命其本同源，助人等同助己，如是，才能將人類帶往康莊大道。

 ## 勸人往聽以提昇見地

「若復有人，於講法處坐，更有人來，勸令坐聽，若分座令坐，
是人功德，轉身得帝釋坐處、若梵王坐處、若轉輪聖王所坐之處。」

【語譯】若更有人，先在講法處坐，聽講法華，隨後又有人來，就勸他也坐下聽講，或分半座給他，此人功德，來世轉生，可得忉利天主帝釋的坐處，或色界初禪大梵天王的坐處，或轉輪聖王所坐之處。

【釋文】為人行事的風格與方式，通常與其觀念思想有密切的關係，以是歷代的佛聖菩薩，其最重要的工作，就是提昇人們的見地，亦可言：

大教育家就是大思想家。因此,除自己聽聞法義之外,若能引導他人也能廣開正知正見,則如是對其人的幫助,實然非是物質的援助所可比擬。為人若能有正向思想,則物質的解決與滿足,是為甚易的。反之,若沉溺於色聲物質的享受裡,此全然是無底深淵的,僅會令人越陷越深而無法自拔。以是,歷代佛聖依自身的親行證,引領著人們邁向正道大路,實然是有其深心用意的。觀現實的案例:常有因結交不良之友後,因於邪僻觀念的薰染之下,性情由善轉惡,以是造成家庭、社會等問題。唯當得遇善因緣,於痛改前非後,故又有「浪子回頭金不換」之語。顯然,如何確保「已生之善令增,未生之善令生」,當是學人應努力之處;同理,「未生之惡令不生,已生之惡令止之」,更是學人當警惕之所在。

相由心生、境隨心轉

「阿逸多!若復有人,語餘人言:有經名法華,可共往聽,即受其教,乃至須臾間聞,是人功德,轉身得與陀羅尼菩薩共生一處;利根智慧;無有一切不可喜相;人相具足;世世所生,見佛聞法,信受教誨。」

【語譯】阿逸多!若復有人,勸告其餘的人,這樣說道:有處正在講經,經名叫做妙法蓮華,我們可以一同去聽,彼即受其勸告,至少得於須臾之間,聞此法華。這個勸人同往聽經的人,現在把他的功德,列舉如下:來世與總持佛法的菩薩,同生一處;得六根聰利的智慧;沒有一點令人不喜愛的樣子;人相具足,無一殘缺;世世轉生之處,常得見佛聞法,以信心領受佛的教誨。

【釋文】整個宇宙現象可以說就是一個因果的呈現,不論是否相信如是之言,因緣果報實然已呈顯在眼前。或許可以如是的觀察:即或是出生

在同一家庭，也將因於每個人所造作的事情不同，其後的人生也將會有甚大的差異。且佛法更將時、空間延伸至豎窮三際、恆遍十方，亦可言：唯有正知見才能根本解決問題，因之，唯有聽聞正法才能在受報的當下能深觀因緣，在順境善緣時，更宜廣造福田；在逆境惡緣時，也能謙和坦然。唯有想方設法令更多的人得聞正法，如是的助人才可謂是真智慧與真慈悲。佛法需仰賴人說，且依之修行，才能真實利益廣大的群生。

 ## 以親修實證為人講說

「阿逸多！汝且觀是勸於一人令往聽法，功德如此；何況一心聽說讀誦，而於大眾為人分別，如說修行。」

【語譯】阿逸多！你且看這只勸一人令往聽法的功德，便是如此；何況純以一心聽說讀誦，而於大眾會中，為人分別講解，如說修行，那功德豈非更大嗎？

【釋文】希望能營造一幸福、快樂的人生，這是所有人的期盼，然如是的願景，則須仰賴全體人類的共同努力。唯一切事物總須先由自身做起，此中又以思想觀念的建立最為關鍵，簡言之；如何助人於心靈層面的提升，實然勝過物資的援助。除能聽聞正知見之外，更要能每日讀誦之，以增強對其內容觀念的領解，然於一般人通常會忽視之。尤其在現今如是資訊快速的時代裡，且在五光十色的環境中，若不能每日有正知見的熏習，實然是無法抵擋外面的誘惑，在自身已然定力不足時，又再缺乏正知見的提醒與觀照，則其未來的人生景況當可被推測。顯然，要想改變世界，首先就是要改變自己，唯有能如說修行，確然可成為他人的典範，當一人、十人、百千萬人如是行時，則世界的美好實然是可被預期的。以是，任何經典至法義結束前，總要學人能一心受持、讀誦、為人演說，此中所謂的

「演」就是修行，若能親修實證之後，再為人講解說明，則其所說就是自身的經驗，則當更具說服力與影響力。

〈法師功德品〉弘通法師得六根清淨莊嚴功德

 相好莊嚴因於修行功德

「爾時,佛告常精進菩薩摩訶薩:若善男子、善女人,受持是法華經,若讀、若誦、若解說、若書寫,是人當得八百眼功德、千二百耳功德、八百鼻功德、千二百舌功德、八百身功德、千二百意功德,以是功德,莊嚴六根,皆令清淨。」

【語譯】此時,佛告訴常精進菩薩道:若有善男子、善女人,受持此法華經,無論是閱讀、背誦、為人解說、書寫流布,此人當得八百眼根功德、千二百耳根功德、八百鼻根功德、千二百舌根功德、八百身根功德、千二百意根功德,以此持經功德來莊嚴六根,使之清淨離垢,互用自在。

【釋文】依佛的本懷,一切眾生本來是佛,故本具如佛般的智慧、德行、能力與相好,其中的相好莊嚴,除特指三十二相與八十種好外,於六根的完整無缺是為必然。凡所謂的法師,則意指於經典能受持、讀、誦、解說與書寫,且依之而得六根功德。六根可謂是接觸外塵境界的首要媒介,若缺乏其中的某些功能,皆將會帶來甚多的不便。亦可言:六根是彰顯與流通法義的重要呈現,且依於如是因、如是果,則為人六根的相好莊嚴,實然也是一種修學的象徵與功德。依理,六根既為清淨莊嚴,又為何有其局限於諸數呢?於此或可思惟:眼不能見後、鼻不能聞遠、身觸必有其接,然而耳能聽十方、舌能嘗一切味、意想可無遠弗屆。唯然重點不在

有其數限之分，若能六根清淨，則自可互用互通。

 ## 於眼見而不執

「爾時，世尊說偈言：若於大眾中，以無所畏心，說是法華經，汝聽其功德，是人得八百，功德殊勝眼，以是莊嚴故，其目甚清淨。父母所生眼，悉見三千界，內外彌樓山，須彌及鐵圍，並諸餘山林，大海江河水，下至阿鼻獄，上至有頂處，其中諸眾生，一切皆悉見。雖未得天眼，肉眼力如是。」

【語譯】爾時，世尊說偈頌道：設若有人在大眾中，以無所畏心，演說此法華經，你聽我說說他的功德吧！此人得了八百功德的殊勝眼，以此功德莊嚴的緣故，他的目力，便異常清淨，能以父母所生的肉眼，見三千大千世界，裡裡外外的彌樓山、須彌山、鐵圍山，以及其餘的山林、大海、江河，下至無間地獄，上至有頂的非非想處，這中間的六趣眾生，一切盡見。此持經人，他雖未得天眼，而其肉眼的功力德用，已能如此的清淨了。

【釋文】佛法於眼分為：肉眼、天眼、慧眼、法眼、佛眼。然於學人而言，如經文所述因於親修實證之故，而得清淨肉眼，其所得的殊勝功德，能見三千大千世界的一切業因果報，當如何領悟與契入呢！學人或許可以如是用功：在與一切人事物的相處相應中，於順眼不生貪愛，於逆眼不生瞋恚；即或是親眼所見，亦不隨意下定論，宜多觀察其動機與因緣等，此為可行之事。唯有細膩的觀察心思，才能推論得出非僅是肉眼所見的而已矣！

於耳聞而不著

「爾時，世尊說偈言：父母所生耳，清淨無濁穢，以此常耳聞，三千大千界，內外諸音聲，下至阿鼻獄，上至有頂天，皆聞其音聲，而不壞耳根，其耳聰利故，悉能分別知，持是法華者，雖未得天耳，但用所生耳，功德已如是。」

【語譯】爾時，世尊說偈頌道：父母所生的肉耳，清淨而無有濁穢的染著，以此動靜一如的常耳，得聞三千大千世界，下至阿鼻地獄，上至有頂天，這內外所有的一切音聲，都能夠聽到，卻不壞耳根。因為他的耳根聰利之故，對這些音聲，都能分別了知。持此法華經者，他雖未得天耳，但用父母所生的肉耳，已竟有這樣大的功德了。

【釋文】其實所謂的修道，最重要的就是當六根相應外在的六塵境界時，要如何保持不著的清淨心，此是最為關鍵之處。人間的許多憾事，通常是所見或所聽恰是與心違逆，於是在當下盛怒難忍之時，諸多案件則成為社會的頭版新聞。尤其在現今各種傳播媒體甚為發達的時代裡，相關聲色資訊的傳播可謂無遠弗屆。當處在各種錯雜的聲音紛起時，如何才能不受其影響，此誠然不易啊！學人首先要先令自身常處於聽聞法義的環境裡，藉由正法的引導以成清淨定力，則當與人相處時，能多以正向慈和的鼓勵，以取代指責、謾罵的方式。

於鼻嗅而不染

「爾時，世尊說偈言：是人鼻清淨，於此世界中，若香若臭物，

種種悉聞知。天上諸華等，聞香悉能知。如是輾轉上，乃至於梵
世，光音遍淨天，乃至於有頂，初生及退沒，聞香悉能知。諸比
丘等，菩薩志堅固，在在方世尊，聞香悉能知。雖未得菩薩，無
漏法生鼻，而是持經者，先得此鼻相。」

【語譯】爾時，世尊說偈頌道：此持經人的鼻根清淨，他於三千大千
世界裡，或香、或臭的種種人、物，全都能夠聞知。天上的各種諸華，聞
香盡知。如是輾轉，由欲天而上，乃至色界的初禪梵世；再上而光音天，
而遍淨天，乃至最高有頂，或初生天上，或報盡退墮，也都能由聞香而知。
又如比丘眾的各種修學、菩薩的志願堅固，乃至在在處處，為一切世間所
恭敬的諸佛世尊，也都由聞香而知。雖還未曾修得菩薩由無漏法所生的鼻
根；然而持經人，卻先已得此清淨鼻相。

【釋文】人的鼻根相應於外在環境的各種氣味，可謂是極為敏感的。
於中醫的診斷有「望聞問切」，其中的聞，就是以身體的氣味來判斷健康
情形。人們總是喜歡令人舒適的自然香味，如：清新的空氣、明澈的河海、
花草、稻穀、蔬果等自然的味道，唯如是最自然不過的香氣，如今卻已甚
難擁有；此乃因於人們製造太多的煙塵、消化不掉的垃圾，以及噴灑太多
的農藥、人造化肥等。想來已別無他法，學人唯有先由生活的儉樸入手吧！

於舌嘗而不昧

「爾時，世尊說偈言：是人舌根淨，終不受惡味，其有所食噉，
悉皆成甘露。以深淨妙聲，於大眾說法，以諸因緣喻，引導眾生
心，聞者皆歡喜，設諸上供養。諸天龍夜叉，梵天王魔王，自在
大自在，如是諸天眾，常來至其所。諸佛及弟子，聞其說法音，
常念而守護，或時為現身。」

【語譯】爾時，世尊說偈頌道：此持經人的舌根清淨，始終沒有惡味的感受，他對所有的食物，無論苦、辣、酸、澀，一入口都變成甘露味。又以深微淨妙之聲，為大眾說法，以種種因緣、譬喻，引導眾生；聞法的人，都心生歡喜，設上品供養。一切天、龍、夜叉，梵天王、魔王，自在天、大自在天，這諸天大眾，也常為恭敬而來。十方諸佛，及佛的三乘聖眾弟子，聞其法音，常以念力為之守護，或時為現身，使之會見慈尊的相好莊嚴。

【釋文】人的口有兩個主要的作用，一為飲食，一為言說。修學者首先需由飲食入手，蔬食不僅是對一切生命尊嚴的愛護表現，亦是外在環保的必然之行。除此，學人更應致力於口業的守護，要能戒除：惡口、兩舌、綺語、妄言，更應精進於法義的講說。為人除必要的物質生活外，心靈的富足才能帶來真正的快樂、歡喜與幸福。此則需仰賴正向思惟的引導，否則，在世俗的染污之下，大多數人通常是隨順環境而作為，顯可得知：若無正法義的陶冶，人生誠可謂是灰矇一片啊！

於身觸而不動

「爾時，世尊說偈言：若持法華者，其身甚清淨，如彼淨琉璃，眾生皆喜見。又如淨明鏡，悉見諸色像。菩薩於淨身，皆見世所有，唯獨自明了，餘人所不見。諸佛及聲聞，佛子菩薩等，若獨若眾，說法悉皆現。雖未得無漏，法性之妙身，以清淨常體，一切於中現。」

【語譯】爾時，世尊說偈頌道：受持法華經的人，其身根清淨好像淨琉璃一樣，所以眾生都喜歡和他相見。又好像拂拭得乾乾淨淨的明鏡，照見一切色像似的。這持經的菩薩，以清淨身的妙用，得見世間所有的事事

物物，唯獨他自己能夠明了，餘人不能。諸佛及佛的三乘弟子，或獨處閑靜，入於三昧；或在大眾中，為人說法，也都顯現在清淨身中。雖說還沒有證得無漏的法性妙身，而以父母所生的清淨常體，一切色像，卻都能如鏡照影似的，顯現於其中。

【釋文】於一般人而言，身體多喜歡接觸柔軟而排斥粗糙之物。尤其於人際關係的互動中，見面時的禮儀，或是握手，或如西方的擁抱等，如是皆可拉近人與人之間的距離。唯對於男女的互動上，則更應謹守恰如其份的禮儀，在現今社會的案例中：有因於本為社交而產生第一次接觸，卻從此而不可自拔，以致造成雙方的婚姻破碎，此誠是不得不慎。學人若能深悟：宇宙與我同體，諸佛菩薩於我身中可見，又何來的寂寞與空虛呢！

 ## 於意法而不失

「爾時，世尊說偈言：是人意清淨，明利無濁穢，以此妙意根，知上中下法，乃至聞一偈，通達無量義，次第如法說，月四月至歲。十方無數佛，百福莊嚴相，為眾生說法，悉聞能受持，思惟無量義，說法亦無量，終始不忘錯。此人有所說，皆是先佛法，以演此法故，於眾無所畏。持法華經者，意根淨若斯，雖未得無漏，先有如是相。」

【語譯】爾時，世尊說偈頌道：此持經人的意根清淨，聰明銳利，無有濁穢。以此妙意，了知上中下三乘教法，乃至但聞一句偈頌，卻能通達無量義門，依淺深次第，如法而說，縱說至一月、四月，乃至一歲，也說之不盡。十方諸佛，現百福莊嚴相，為眾生說法，持經人，也都能隨聞受持，思惟無量義，亦說無量法，始終憶持，沒有遺忘及錯謬之失。此人凡有所說，都是傳承先佛之法，因演此先佛法故，在大眾中，無所畏怯。持

法華經者的意根清淨,是如此,雖未得無漏,卻已先有此相了。

　　【釋文】意念雖無形無相,但其所能影響的層面卻是最為深遠。例如:當意念一起瞋恨,其最直接的反應就是呈顯於言語與行為上,以是,在意念一起時,若能先在內心再多緩和一下,則其結果常常會有所不相同。有謂「萬法唯心造」,其主要的義涵是:心是解決一切問題的根本。每個生命皆有其必經的歷程與功課,若能於心念起處多一些輾轉,始可謂是在修道。

〈常不輕菩薩品〉釋迦本生常不輕菩薩弘經 得六根清淨

 適合於今的傳播方式

「爾時，佛告得大勢菩薩摩訶薩：汝今當知，若比丘、比丘尼、
優婆塞、優婆夷，持法華經者，若有惡口罵詈誹謗，獲大罪報，
如前所說。其所得功德，如向所說眼耳鼻舌身意清淨。」

【語譯】此時，世尊告訴得大勢菩薩：你應當知道，假使有人對受持
法華經的比丘、比丘尼、優婆塞、優婆夷，以惡口罵詈誹謗，其所得的罪
報之大，如前譬喻品所說，入阿鼻獄、墮畜生等。持經者所得的功德，如
上品所說，得眼、耳、鼻、舌、身、意六根清淨。

【釋文】在現今網路資訊極度發達的時代裡，資訊的取得可謂已至無
邊氾濫的程度，而此中最為危害的就是將負面、暗黑、激進、殘忍乃至腥
羶等畫面大肆廣傳，如是的行為，尤其對判斷力較差的人，其殺傷力更是
難以評估。且看現今因於在網路上所學習而犯罪的比例大幅提昇，即可見
一斑。同樣地，若能藉由網路通訊以傳播佛聖的教化，則其對民心的影響，
是過往任何的世代所難以想像。且每一時期自有其因應之道，如何將甚深
微妙的法華義理，藉由多元媒體而呈現，如：各種類戲劇、動漫等，將深
奧的經文轉為適合現今生態所使用的語言方式，以吸引早已習於聲光、多

畫面的新世代，能有機會甚至喜歡親近佛法義。人類終是具有智慧的，任何人皆能感受得到：唯有正向的引導，才能真實教化人心，促使全人類共同邁向康莊大道。

 相繼相續以共成生命

> 「得大勢！乃往古昔，過無量無邊不可思議阿僧祇劫，有佛名威音王、如來、佛世尊。其佛饒益眾生已，然後滅度。正法、像法滅盡以後，於此國土，復有佛出，亦號威音王、如來、佛世尊。如是次第有二萬億佛，皆同一號。」

【語譯】得大勢！往昔過無量無邊，不可思議阿僧祇劫，有佛出世，別號：威音王，通號：如來、佛世尊。那威音王，於饒益眾生的化緣已盡，然後滅度。正法、像法都相繼滅盡以後，這國土上又有一佛出世，名號也稱為：威音王、如來、佛世尊。如是前佛既滅，後佛又出，次第相續有二萬億佛，都同一名號。

【釋文】所謂人同此心，心同此理，人生若缺乏佛聖的教導，誠可謂是「萬古如長夜」。人生的價值與意義，絕然並非只是基本的生命生存而已，唯生存觀，必然與生命觀、人生觀、價值觀互為關聯，若將其往更為高度、廣度、深度以探究之，則宇宙觀將決定一切生命存在的意義。佛已為眾生開示：整體宇宙是有無量無邊的世界，無論有多少個世界，皆可總稱為一體，換言之；一切生命的共同根源其本是一。以是，此方彼方、現世往世、今人古人等，實然皆是互為相依相存的。例如：人類若沒有空氣、水、陽光，則人類將是無法生存的，以是，若真能對佛聖教誨有所體證者，自能心甘情願為一切大眾而努力付出，因唯有幫助他人，才能真的等同幫助自己。

依戒定慧以調伏傲慢習氣

「最初威音王如來，既已滅度，正法滅後，於像法中，增上慢比丘有大勢力。爾時，有一菩薩比丘，名常不輕。得大勢！以何因緣名常不輕？是比丘，凡有所見：若比丘、比丘尼、優婆塞、優婆夷，皆悉禮拜讚歎而作是言：我深敬汝等不敢輕慢，所以者何？汝等皆行菩薩道，當得作佛。而是比丘，不專讀誦經典，但行禮拜，猶高聲唱言：我不敢輕於汝等，汝等皆當作佛。以其常作是語故，號之為常不輕。」

【語譯】最初的威音王如來，既已滅度。正法滅後，在像法住世期間，未證謂證的增上慢比丘，有大勢力。此時另有一菩薩比丘，名叫「常不輕」。得大勢！這位菩薩比丘，他以什麼因緣名「常不輕」？因為他對所有遇見的人，無論是比丘、比丘尼、優婆塞、優婆夷，都一律禮拜讚歎的說：我很敬重您們，不敢輕慢，什麼緣故呢？您們都為行菩薩道故，當得作佛。而此比丘，他不專尚讀誦經典，但行禮拜，還高聲唱道：我不敢輕慢您們，您們當來都要成佛。因為他常常說這樣的話，所以大家都稱叫「常不輕」。

【釋文】佛的開示：大地眾生皆有如來的智慧德相，若對如是的佛知佛見，能有深刻體悟，則即或面對是習氣甚重的惡道眾生，實然亦不敢輕慢，因其終將是當得作佛。以是之故，學人最需要用心之處，就是依戒定慧以調伏自己的傲慢習氣。

 ## 有順助也有逆助

「是比丘，臨欲終時，於虛空中，具聞威音王佛先所說法華經二
十千萬億偈，悉能受持，即得如上眼根清淨，耳鼻舌身意根清淨。
得是六根清淨已，更增壽命二百萬億那由他歲，廣為人說是法華
經。於時增上慢四眾，輕賤是人，為作不輕名者，見其得大神通
力、樂說辯力、大善寂力，聞其所說，皆信伏隨從。」

【語譯】此不輕比丘，臨命終時，於虛空中，完全聽到威音王佛先前
所說的法華經二十千萬億偈，都能受持，即得如上品法師所得的眼、耳、
鼻、舌、身、意六根清淨。既已得六根清淨，便不即捨報，更增添壽命二
百萬億那由他歲，為廣大群眾，說此法華經典。當此之時，那些增上慢四
眾，曾輕賤此人，為其製造「常不輕」名者，他們見其得空中聞法的大神
通力、廣為人說的樂說辯力、對罵詈打擲，不起瞋恚的大善寂力，乃聞其
所說，都信伏隨順其教化。

【釋文】當回觀人生的種種歷程時，除獲得正面的幫助之外，尚有在
逆境中的突破而得成。顯然，所謂的成就，外在的境緣雖有其一定程度的
關係，但總體而言，多數是取決於自身之上。佛門有所謂的正助與逆助，
此中，逆助於一般人是甚難在當下即可領悟之，唯在事過境遷後，驀然回
首時或許才能有些印心吧！學人在一切的待人處事時，唯有多保有一顆清
明之心，將成為最關鍵之點。

 ## 對「古今一如」的體悟

「得大勢！於意云何？爾時常不輕菩薩，豈異人乎？則我身是。
若我於宿世，不受持讀誦此經，為他人說者，不能疾得阿耨多羅
三藐三菩提。我於先佛所，受持讀誦此經，為人說故，疾得阿耨
多羅三藐三菩提。」

【語譯】得大勢！你的意思怎麼樣？那威音王時的常不輕菩薩，你猜是誰？就是今世我釋迦的前身。假使，我於宿世不受持讀誦此經，為他人解說的話，那我就不能於今世，很快的證得阿耨多羅三藐三菩提。因為我於先世諸佛處所，為他人說的緣故，才能於今世，很快的得了阿耨多羅三藐三菩提。

【釋文】依佛的知見所明示：一切眾生皆是在無量劫中而長夜流轉，簡言之；所謂的六道，就是多數眾生的老家。唯今世幸得此人身，亦是無量劫的福德智慧因緣所致，然若不能把握此短暫人身而精進地提昇自己，待兩眼再一閉時，或許又要再重回六道老家而繼續生死流浪。思及至此：現今佛為大眾開演其過去生的因緣，顯然，其真實用意在提醒眾生，由古至今的因緣，是有其相續、循環與轉變性的。今世的努力絕然是不會白費的，過往曾經結緣的一切人事物，終將在今世各以不同面貌再度聚會。或許當能更多地體悟「古今一如」之義，則也無有所謂的吃虧與佔便宜之分了。想來：學人唯有多盡心力於助人之外，實然真的是無有一事了。

煩惱皆由我慢而生

「得大勢！彼時四眾：比丘、比丘尼、優婆塞、優婆夷，以瞋恚意，輕賤我故，二百億劫，常不值佛、不聞法、不見僧；千劫於阿鼻地獄，受大苦惱。畢是罪已，復遇常不輕菩薩，教化阿耨多羅三藐三菩提。得大勢！於汝意云何？爾時四眾，常輕是菩薩者，豈異人乎？今此會中，跋陀婆羅等五百菩薩、師子月等五百比丘尼、思佛等五百優婆塞，皆於阿耨多羅三藐三菩提，不退轉者是。」

【語譯】得大勢！彼威音王佛，像法時的四眾：比丘、比丘尼、優婆塞、優婆夷，因為以瞋恚之意，罵詈打擲，輕賤於我之故，他們於二百億

劫，常不遇佛、不聞法、不見僧，千劫之久，在阿鼻地獄裡，受大苦惱。又為信伏隨從故，受畢此地獄罪報後，復遇常不輕菩薩，教化他們以阿耨多羅三藐三菩提。得大勢！你的意思怎麼樣？此時的四眾，常以罵詈打擲，輕賤此菩薩者，你猜是誰？現在這靈山會中的跋陀婆羅等五百菩薩，師子月等五百比丘、比丘尼，思佛等五百優婆塞、優婆夷，都於無上正等菩提，得不退轉者。

【釋文】對於修習佛聖之學而言，其重點在於將性德彰顯，以是，最忌諱的就是憍高我慢，此誠可謂是大煩惱。因於一切眾生本來是佛，故凡自以為是，或輕於初學者，此將自外於佛聖之門。古人有所謂的「水幾於道」，唯有謙和處下，才能近於佛聖之道，學人當由此處入手。

 ## 應常親近佛聖的氣氛

「得大勢！當知是法華經，大饒益諸菩薩摩訶薩，能令至於阿耨
多羅三藐三菩提。是故諸菩薩摩訶薩，於如來滅後，常應受持、
讀、誦、解說、書寫是經。」

【語譯】得大勢！你應當知道，這法華經，於諸菩薩摩訶薩有大饒益，能教他們到達阿耨多羅三藐三菩提的妙覺果地。因此之故，所以諸菩薩摩訶薩，於如來滅度之後，應當如五種法師：受持、讀、誦、解說、書寫此經，以自行化他。

【釋文】面對當今資訊可謂極度氾濫的時代，各種五花八門乃至亂七八糟的訊息到處流竄之際，唯一可以抵擋的就是佛聖的教育，此誠是現今的當務之急。唯應如何營造一良善的環境，亦可謂是所有人的責任。以家庭為單位而言，父母的習氣是會影響子女，而兄弟姊妹之間亦然彼此互為學習著，尤其是尚在孩提成長之時，其受父母與同儕、環境等的影響，更

可謂是性格養成的關鍵。以是，凡有見地的父母，皆會將心力用於教育子女，因為，能培養出有德性品質的下一代，將是任何財富所無法相提並論的。於今，雖佛聖已去日久遠，然其教誨之法仍留在世間，此乃是後人最大的福報。若能依法受持而行，且在日常的讀誦、書寫之中，以加強自身的定力，兼以能為人解說，此誠可謂就是佛聖的代言人。唯有營造佛聖的氣氛環境，才有可能開創未來幸福的局勢。

〈如來神力品〉如來現大神力以示秘藏 妙用不測

 勸人先勸己

「爾時，千世界微塵等菩薩摩訶薩，從地踊出者，皆於佛前一心
合掌，瞻仰尊顏而白佛言：世尊！我等於佛滅後，世尊分身所在
國土滅度之處，當廣說此經。所以者何？我等亦自欲得是真淨大
法，受持、讀誦、解說、書寫而供養之。」

【語譯】當常不輕菩薩品，說竟之時，那從地踊出的千世界微塵數諸
大菩薩，都在佛前一心合掌，恭恭敬敬的瞻仰著佛的尊容，稟白的說：世
尊！我們於佛滅度之後，在世尊分身所在的無量國土裡的滅度之處，當廣
說此經。為什麼要廣說此經？不但為他，我們自己也願得此真淨大法，來
受持、讀誦、解說、書寫而為供養。

【釋文】世俗有「教學相長」之語，其意是：當在誨人之時，實然自
己亦將得受利益。於佛門強調「解行並重」，若能解得深，則能破除疑惑；
若能解得廣，則能增加自己的信心，於解之後的力行一分，則將反轉於解
悟再多增二分。因此，所謂的勸人，首先就是要勸自己，尤其當憤怒之心
一起時，要能先制止一下、緩轉一下，此全然是實證，絕非理論而已。若
能善勸自己應隨順佛聖的教誨，而不是隨順自己的脾氣，此即謂之修道。

所謂修道就是理念與生活的結合，以是，雖是為弘傳佛聖之道，實然是自己已然先嚐到佛聖的滋味。為人若能品得佛聖的道味，則世俗之味將難再動於心了。

 ## 說法不倦的廣長舌相

「爾時，世尊於文殊師利等，無量百千萬億，舊住娑婆世界，菩薩摩訶薩，及諸比丘、比丘尼、天、龍、人非人等，一切眾前，現大神力，出廣長舌，上至梵天，一切毛孔，放於無量無數色光，皆悉遍照十方世界。釋迦牟尼佛，及寶樹下諸佛，現神力時，滿百千歲，然後還攝舌相。一時謦欬，俱共彈指，是二音聲，遍至十方諸佛世界，地皆六種震動。」

【語譯】爾時，世尊在文殊師利等，無量千萬億，舊住娑婆，並非來自他方的菩薩摩訶薩；及諸比丘、比丘尼、天、龍等似人非人的大眾之前，現大神力，出廣長舌相，上至梵世；又從周身的毛孔裏，放出無量無數的金色光明，遍照十方世界。釋迦牟尼佛，和那寶樹下的諸佛，現神力時，只一剎那，而法住已滿百千歲月。然後收攝舌相，恢復如初，一時不約而同的謦欬、彈指。這謦欬、彈指的二種音聲，遍至十方諸佛世界，大地都撼得六種震動。

【釋文】為人之口，若能用於弘傳佛聖之道，想來再也沒有比這更為殊勝之事了。不但是人類，即或是享福的諸天，乃至無量的法界眾生，若沒有佛聖之道的聽聞與學習，則確然可謂是「萬古如長夜」。以是，若學人能真正用心於弘傳佛聖之道，實然將與諸佛聖同一心行，將得其護佑亦是當然。若人生能得以此為終生的志業，誠是最為有福報的人。

如親臨般的靈山大會

「其中眾生：天、龍、人非人等，以佛神力故，皆見此娑婆世界，
無量無邊百千萬億，眾寶樹下師子座上諸佛，及見釋迦牟尼佛，
共多寶如來，在寶塔中坐師子座。又見無量無邊百千萬億菩薩摩
訶薩，及諸四眾，恭敬圍繞釋迦牟尼佛。既見是已，皆大歡喜，
得未曾有。」

【語譯】這十方佛土裏的眾生：天、龍、似人非人等；以佛的神力故，
都見到這娑婆世界中，無量無邊百千萬億，坐在眾寶樹下，師子座上的諸
佛；及見釋迦牟尼佛，同多寶如來，並坐在寶塔裏的師子座上。又見無量
無邊百千萬億的菩薩摩訶薩，及四眾弟子，恭敬圍繞著釋迦牟尼佛。既已
見此靈山殊勝大會，大眾都很歡喜，得未曾有。

【釋文】雖言，現今是個價值觀極度混淆不清的時代，負面訊息遍地
流竄，然，同樣地，也因於資訊多媒體的發達，學人想要修習佛聖之學，
也可謂是俯拾皆是。只要在家裡，一指按鈕進入網路世界，即可得如親臨
現場般，想聽聞任何的宗派學說可說是唾手可得，換言之；各種殊勝大會，
是可以同步且即時地參與。如是的便利廣傳方式，是過去所難以想像的，
此乃現世代的因緣環境。顯然，這也是一個極端地佛魔大戰的時代，引人
入於殺盜淫、貪瞋癡的一股力量，與正能量、正磁場的戒定慧彼此互相抗
衡著。學人唯有更用心努力於弘傳佛聖之道，於佛聖的加持之下，自能有
一番新氣象。

從事多元文化的教育工作

「即時諸天，於虛空中，高聲唱言：過此無量無邊百千萬億阿僧祇世界，有國名娑婆，是中有佛，名釋迦牟尼，今為諸菩薩摩訶薩，說大乘經，名妙法蓮華教菩薩法佛所護念。汝等當深心隨喜，亦當禮拜供養釋迦牟尼佛。」

【語譯】即時，諸天於虛空中，高聲唱言：從此土以去，過無量無邊百千萬億阿僧祇世界，有一國土，名叫娑婆世界，這世界上有一佛，號釋迦牟尼，現正在為諸菩薩摩訶薩，說大乘經，經名為妙法蓮華教菩薩法佛所護念。你們應當深心隨喜，更應當對釋迦牟尼佛，禮拜供養。

【釋文】且觀歷代的各宗學派的開創者，其所從事的工作內容，可以總體而曰就是：多元文化的教育；由其先建立理念目標與理論架構，並輔以親修實證的方法，以達為全體世界帶來最為幸福的未來。以此而觀釋迦牟尼佛，則其一生從悟道之後，在行遊教化的歷程中，其所從事的工作，就是以其身教而呈現言教，以達悲智雙運的圓滿德性的流露。在如今網路資訊極為快速流傳的時代裡，對於凡能引導為人的德性、利益人群與世界等的言說，皆是值得被稱許的。於佛門中有一句名言：「若要佛法興，就要僧讚僧」，此於佛門是如此，於其他的學門亦是如此。世界的祥和，需仰賴全體的共識與共行，唯有立於更為高度、廣度與深度而觀照，才能真實有益於世界。

法界無邊如同一佛土

「彼諸眾生，聞虛空中聲已，合掌向娑婆世界作如是言：南無釋迦牟尼佛！南無釋迦牟尼佛！以種種華、香、瓔珞，旛蓋，及諸嚴身之具，珍寶妙物，皆共遙散娑婆世界。所散諸物，從十方來，譬如雲集，變成寶帳，遍覆此間諸佛之上。於時十方世界，通達

無礙，如一佛土。」

【語譯】彼十方世界的眾生，聽諸天在虛空中唱言的聲音已竟，便合掌向娑婆世界，連聲稱佛名號：南無釋迦牟尼佛！南無釋迦牟尼佛！以表皈敬。又以種種華、香、瓔珞、旛蓋，及諸嚴身之具和珍寶妙物，都一齊散向遙遠的娑婆世界。所散的諸寶珍物，從十方而來，譬如祥雲聚集，變成寶帳，普遍的覆蓋著這裏的諸佛。當此之時，十方世界，都通達無礙，就像一個佛土似的。

【釋文】釋迦牟尼佛是在人間示現而成就佛道，以是，即或有他方的極樂佛土，亦唯有將所有無量無邊的國土，皆能成就為佛國淨土，則諸佛菩薩的教化使命，始可謂之完成。以是而知：學人在修學的過程中，最重要在於知見的建立上，唯有對於最為親近的因緣，能應對、放下與超越，才能真實與諸佛菩薩同一淨土。即或眼前的因緣不甚如意，但若能一步一腳印地依循諸佛菩薩的教誨：廣修供養、懺悔業障，乃至常隨佛學等，相信當在自身的精進之下，則終有惡緣轉為善境之時。

 ## 返身而求即是秘密法藏

「爾時，佛告上行等菩薩大眾：諸佛神力，如是無量無邊，不可思議。若我以是神力，於無量無邊百千萬億阿僧祇劫，為囑累故，說此經功德，猶不能盡。以要言之：如來一切所有之法、如來一切自在神力、如來一切祕要之藏、如來一切甚深之事，皆於此經宣示顯說。是故，汝等於如來滅後，應一心受持、讀誦、解說、書寫，如說修行。」

【語譯】此時，佛告上行等從地踊出的菩薩大眾，說：諸佛的神變之

力，是如此的無量無邊，不可思議！即令我以此神變之力，於無量無邊百千萬億的阿僧祇劫，為以弘經重任囑累菩薩之故，來演說此經功德，也不能完全說盡。扼要的說：如來所有的一切權實諸法、一切放光現瑞的自在神力、久默斯要的一切秘密法藏、本迹二門的一切甚深之事，都在這法華經裡，宣說顯示了。因為這種緣故，你們於如來滅後，應當一心一意的受持、讀誦、解說、書寫，如說修行。

【釋文】世尊四十九的講經說法，其所留下的經典，此是言說之道，是可以透過言語而被宣說的，於此，世尊已然完成之。唯另有無法以言說而呈現的，或謂是諸佛的秘密法藏，即如世尊所謂「四十九年實未言說一字」的深意吧！前者，是修學者需先仰賴的部分，然尚有不可言說的，則將有待學人的親修實證。

 ## 經卷所在之處即是道場

「所在國土，若有受持、讀誦、解說、書寫，如說修行，若經卷所在之處，若於園中、若於林中、若於樹下、若於僧坊、若白衣舍、若在殿堂、若山谷曠野，是中皆應起塔供養。所以者何？當知是處，即是道場，諸佛於此得阿耨多羅三藐三菩提、諸佛於此轉於法輪、諸佛於此而般涅槃。」

【語譯】隨你們所在的國土中，其有受持、讀誦、解說、書寫，如說修行者，及經卷所在之處，無論在園中、林中、孤樹之下、僧坊裡、白衣舍裡、殿堂裡、山谷曠野裡，都應當起塔供養。何以要起塔供養？當知，這弘經人及經卷所在之處，就是修行成佛的道場，諸佛在這裡得無上正等菩提、在這裡轉大法輪、在這裡入大涅槃，所以要起塔供養。

【釋文】所謂道場，是指有道而可以修道的地方，以是，一般大多是

指寺院、講堂等，然以廣義而言，則處處皆是道場，因為，任何的人、事、時、地、物，皆是可以得成觀照修持的地方。然於常人而言，因於接觸不同的人事、環境，其所產生的影響仍是最為直接與關鍵，於是，如何多親近善知識等因緣，則攸關往後修持的方向與信心。以是，凡佛聖經卷的所在之處，即是佛聖的言教呈現之處，親近之即等於直接親近佛聖。且觀經卷中所記載佛聖的降生、學道、弘法、涅槃等，實然就是將佛聖的一生呈現在眼前，故凡經卷所在之處，即可謂是道場，確然如此。

〈囑累品〉弘經重任付託菩薩以自行化他

 ## 諸佛菩薩的付囑與傳承

「爾時，釋迦牟尼佛，從法座起，現大神力，以右手摩無量菩薩
摩訶薩頂，而作是言：我於無量百千萬億阿僧祇劫，修習是難得
阿耨多羅三藐三菩提法，今以付囑汝等，汝等應當一心流布此法，
廣令增益。」

【語譯】此時，釋迦牟尼佛從多寶塔裏的法座上起來，現大神力，以
右手撫摩著無量菩薩摩訶薩的頭頂，這樣說道：我於無量百千萬億阿僧祇
劫，修學這難得的阿耨多羅三藐三菩提法，今以此法付囑你們，你們應當
專志一心，廣行流布，使之日漸增益。

【釋文】人類的智慧是歷經長久傳承以積累而成，雖然時、空間背景
各有其不可替代的特殊性，但前人的經驗將可成為後代參考的寶貴價值，
例如：天象的觀測紀錄、生活技能的改進、與萬物相處之道，乃至不同區
域族群往來的貿易等，簡言之；人類的文明是永遠向前推動著，如是的一
股勢力，是無法停止的，也永遠都在瞬息萬變著。唯此中，對人類有最根
本影響的，就是教育文化的傳承，仔細觀照：即或東、西方有甚多不同的
生活態度與文化背景，但如何發揮人性本具有的良善，並將之發揚於對全
體生命的尊重與愛護，此不僅是過往佛聖所最用心之所在，也是現今能解
決全世界問題的根本關鍵。想來：唯有人人皆能體證生命的共存、共榮，

才能以超越種族、宗教、文化等隔閡，以達至共享、共樂的世界。

 ## 以個己生命成就他人生命

「如是三摩諸菩薩摩訶薩頂，而作是言：我於無量百千萬億阿僧
祇劫，修習是難得阿耨多羅三藐三菩提法，今以付囑汝等，汝等
當受持、讀誦、廣宣此法，令一切眾生，普得聞知。」

【語譯】如此一連三次撫摩著諸菩薩頂，諄諄的付囑他們說：我於無
量百千萬億阿僧祇劫，修學這難得的阿耨多羅三藐三菩提法，今以此法付
囑你們，你們應當受持、讀誦、擴大宣傳，使一切眾生，都能夠聞知。

【釋文】在人的一生當中，自幼兒、孩童乃至長大成人，此中影響我
們最深的，除自己的父母之外，就是師長們。且因於不同的階段，師長們
所給予我們的指導與協助，亦是各有其不同。於世俗有經師與人師之別，
或許經師尚容易遇到，但人師只能是可遇而不可求之。尤其在人生抉擇的
重要階段裡，往往人師是具有最大的啟迪作用，且觀甚多的浪子回頭，也
都是往往因於一個人、一句話或一件事而成為關鍵的轉捩點。因此，佛如
是的三次摩頂大菩薩們，除是佛對佛子表示慈愛的意思，更是法義傳承重
任的付託。人的一生，相較於大宇宙的生命，實然甚是短暫，但即或是個
己的小力量，皆將可影響未來的全世界，於是，傳承者與被傳承者，可以
說：就是一場生命延續生命的馬拉松賽。個人的一小水滴，一旦投入大海
裡，則將是遍滿一切而無盡的，此或許才可謂是生命的真體證。

 ## 信己與信他的建立

「所以者何？如來有大慈悲，無諸慳吝，亦無所畏，能與眾生佛
之智慧、如來智慧、自然智慧。如來是一切眾生之大施主，汝等
亦應隨學如來之法，勿生慳吝。」

【語譯】所以付囑你們，要受持、讀誦、廣宣此經者，是什麼緣故呢？
如來唯有大慈悲，而沒有慳貪吝惜，也沒有障難的畏怖心理，所以能施予
眾生三種智慧：佛智慧、如來智慧、自然智慧。如來是一切眾生的大施主，
你們也應當隨順學習如來的施法，去教化眾生，不可稍存慳吝之心。

【釋文】面對現今社會的各種亂象，每天攤開報紙新聞，映入眼簾的
絕大多數是：相關於殺、盜、淫與貪、瞋、癡等，在如是氛圍之下，稍有
感觸者總是憂心忡忡，於是，多數人會不由自主地產生質疑：這個社會到
底還能挽救嗎？顯然，於當前的時局，信心危機應是最大的問題所在。因
此，唯有能先建立信心，首先要能相信：人人本善，人人皆具有如來的智
慧德相；更相信歷代諸佛菩薩的教誨，是可以為全體世界帶來明日希望
的。當如是的信心一旦建立起來，即或面對社會、世界的混亂，自己更要
能站穩腳步。唯有自己先不慌亂，才能有機會以帶領成全他人，以是，佛
勸勉大眾要能：無慳吝、無怖畏。尤其在面對現今的手機時代，多數人喜
歡躲在小小的框架世界裡，如何帶領他人共同迎向大道，此是學人不可推
卸的責任。

 ## 能令眾生得益是為報佛恩

「於未來世，若有善男子、善女人，信如來智慧者，當為演說此
法華經，使得聞知，為令其人得佛慧故。若有眾生不信受者，當
於如來餘深法中，示教利喜。汝等若能如是，則為已報諸佛之恩。」

【語譯】到未來之世，若有利根的善男子、善女人，能信受如來智慧者，就應當為他們演說這法華深經，教他們聞知，得佛智慧。若有鈍根眾生，不能信受如來智慧者，那就應當於如來的一乘實法以外，其餘的方便深法中，開示教導，使他們得到利喜。假使你們能夠這樣去弘傳法華，續佛慧命，那就是已竟酬報諸佛的恩德了。

【釋文】世俗有言：「人心之不同，恰如其面」，此可謂是對人物的差異做最貼切的說明。即使是一位精湛的畫家，要他畫出百千個不同的面貌，也是一件不容易的事情。在現今所有的七十四億四千萬人當中，即使是雙胞胎，也無法是一模一樣的，這就是天理自然無法被取代的奧秘所在。因於人物各種條件的不同，於是佛為眾生開演有八萬四千法門，且言：「是法平等，無有高下」，簡言之；法是依於眾生的適用與否而論，合宜即善，不合宜即使是高深之法，也無法得其益。同理，任何的法門，自有能適用的群眾，故佛門特別強調觀機逗教，因此，只是眾生適用法門的不同而已，不可彼此互為差異而批評之。

眾生有感菩薩才能有應

「時諸菩薩摩訶薩，聞佛作是說已，皆大歡喜，遍滿其身，益加恭敬，曲躬低頭，合掌向佛，具發聲言：如世尊敕，當具奉行，唯然世尊，願不有慮。諸菩薩摩訶薩眾，如是三反，具發聲言：如世尊敕，當具奉行，唯然世尊，願不有慮。」

【語譯】這時，諸菩薩摩訶薩，聽佛作了這再三叮嚀的付囑已罷，大家都喜氣洋溢的充滿全身，更加恭敬，曲躬低頭，合掌向佛，齊聲言道：一如世尊的教敕，我們自當完全奉行，唯願世尊，勿須以此為慮。那諸菩薩摩訶薩，又三復是言的說道：一如世尊的教敕，我們自當完全奉行，唯

願世尊,勿須以此為慮。

【釋文】佛再三付囑菩薩,要能為法珍重以傳承之,以是,菩薩亦三反領受,願如佛的教導而奉行。世俗有言:「不孝有三,無後為大」,此語的重點,除是指後繼有人之外,實然更是指道風的傳承,此於家族是如此,於企業乃至佛聖大業更是如此。細思:人的一生不但短暫,且成長之年至少也需二、三十年,待稍具有自主能力與智慧判斷時,一晃眼又已到不惑之年,於是,如何培養接班人,可說是家族、企業等的大事。然於佛聖的傳承而言,有時並非是可以靠培養而成的,或許更需要是因緣的具足,此乃因於,佛聖的傳承,是一種心法的自悟自得,並非是一般的聰明才智所可臻至,唯當眾生的福德具足,才能感得真正的大佛聖示現人間吧!

依其教而行則是其分身

「爾時,釋迦牟尼佛,令十方來諸分身佛,各還本土,而作是言:
諸佛各隨所安,多寶佛塔,還可如故。」

【語譯】此時,釋迦牟尼佛,令其原為開塔,從十方招來的分身諸佛,仍舊各還本土,他這樣說道:今開塔事竟,諸佛應各隨其所化本土而得安住,唯多寶佛塔,還可以留此如故。

【釋文】佛付囑菩薩弘經之事已畢,而分身諸佛,本是為開塔而來,於今開塔事已竟,所以佛遣返各還本土。依佛的知見,已為大眾開演有無量無邊的法界,而一一法界各有其應化的諸佛菩薩,此即是諸分身佛。學人於此,當如何領悟之?諸佛菩薩的住世時間,一如其所住國土百姓的平均壽命,此即是世尊當年在印度的八十年住世。即或佛聖已還歸其本土,但言教尚留在經典上,唯若能依教奉行,則等同是諸佛菩薩的分身。例如:欲求未來的彌勒淨土能早日示現,唯有人人皆能行彌勒的快樂、歡喜行,

當人人皆是彌勒的分身時，則彌勒淨土自然就在眼前真實示現。同理，當自身能具有奉行指導的願力時，則要能獨當一面，承擔佛聖的大業，以教化一方而不疲不厭。當能深觀佛聖的心懷時，再與己心為比量時，終將敬佩佛聖之所以令人尊崇之所在。或許在修學的大道上，如何才能不起退轉心，則是需要常與佛聖保持最佳的連線才行，而依教奉行是為其一。

 ## 常處於佛聖的熏習之下

「說是語時，十方無量分身諸佛，坐寶樹下師子座上者，及多寶佛，並上行等無邊阿僧祇菩薩大眾、舍利弗等聲聞四眾，及一切世間天、人、阿修羅等，聞佛所說，皆大歡喜。」

【語譯】佛說這話的時候，坐在寶樹下師子座上的無量分身諸佛，及多寶如來，並上行等無邊阿僧祇的菩薩大眾、舍利弗等的聲聞、四眾，及一切世間天、人、阿修羅等，他們聞佛以上所說，皆大歡喜。

【釋文】為人的行事關鍵，大抵與其思想觀念最具有密切的關係，簡言之；若想轉變行為模式，則宜由知見方面入手。前人曾將知見比喻為一枝箭，箭一發即深具力量地直往向前，以此來說明：一旦觀念產生，則行為也自然地呈現出來。為人一旦由觀念養成行事習氣，若想改變不良的習氣，則需由知見的熏習開始，而習氣是否得以改變，則要視習氣的染著程度，與所熏習時間的長短而定。例如：今以染毒者為例，一旦染上毒癮，甚多人是終其一生也跳脫不得；或也有在戒治所出入無數回者。總而言之，在現今五欲六塵充斥、資訊極度污染的環境裡，更顯出佛聖大道開演的重要性，如何得令自身能多處於佛聖的熏習之下，或許才有可能在雜染的環境裡，得以保有一分自在。如云：「聞佛所說，皆大歡喜」，若能如此，將是一切眾生最大的福報與滿足。

〈藥王菩薩本事品〉藥王菩薩本昔難行
苦行之弘經事

 捨除我相是為真供養

「一切眾生喜見菩薩，從三昧起，而自念言：我雖以神力供養於
佛，不如以身供養。即服諸香；又以香油塗身，於日月淨明德佛
前，以天寶衣而自纏身，灌諸香油，以神通力願而自燃身，光明
遍照八十億恆河沙世界。其中諸佛，同時讚言：善哉善哉！善男
子！是真精進，是名真法供養如來。是名第一之施，於諸施中，
最尊最上，以法供養諸如來故。作是語已，而各默然。」

【語譯】一切眾生喜見菩薩，從三昧定起，自心念道：我雖以神力，
雨華香供養，還不如以身供養。念畢，即服下諸香，再以香油塗身，在日
月淨明德佛座前，先以寶衣纏身，灌以香油，然後再以神通願力，引發三
昧真火，自然焚燒，光明照遍八十億恆河沙數的世界。那恆沙世界裏的諸
佛，同時齊聲讚道：善哉善哉！善男子！這才是真精進，這才名叫真法供
養如來。此名第一布施，在諸施之中，最為尊上，因為這不是外物供養，
而是以法供養諸如來的緣故。諸佛作此稱歎已畢，隨各默然。

【釋文】在難行苦行的修持中，經典有「燃身臂指」的論說，此於學
人而言，當如何解悟之：修行的精進在能否深入眾生界，能為眾生而不求

代價、不圖回報的付出承擔，此即是以身供養眾生，而供養眾生即是供養諸佛。學人若真能在行利他之時，而破除我相、我執、我見、我慢，此即謂是真精進、是真供養佛。

一念不忘的恆持

「一切眾生喜見菩薩，作如是法供養已，命終之後，復生日月淨明德佛國中，於淨德王家，結跏趺坐，忽然化生。即為其父而說偈言：大王今當知，我經行彼處，即時得一切，現諸身三昧，勤行大精進，捨所愛之身，供養於世尊，為求無上慧。大王！我今當還供養此佛。」

【語譯】一切眾生喜見菩薩，作了這樣燃身的法供養罷，命終之後，又轉生到日月淨明德佛的國裡，在淨德王家，忽然化生，結跏趺坐，即對其淨德王，說偈頌道：大王！您今天應當知道，我昔日於淨明德佛處，修常行道，即時證得現一切色身三昧，為勤行大精進，求無上佛慧之故，捨棄向所貪愛的五陰色身，以供養世尊。說罷此偈，又對他父親說道：大王！我如今還應當去供養此佛。

【釋文】一念供養，於百千萬億劫仍憶念不忘，此是菩薩的修行願力。當一念一起的當下，如何恆持堅定信念，過程中不因任何困境而退轉，此是凡夫與菩薩的差異所在。一念正向有心力行，此於一般學人是較容易之事，然如何才能保有終其一生皆不退念，此已誠屬難得。又當如何的願行，才能再延至百千萬億劫皆然如是？細思之：實然無有他法，唯有能依於佛聖大道之深具度眾利他之心，因於此一念心，以度過今生，以返歸原本處，以乘願再來；再度過一生，再返歸本處，再乘願再來……。

親近佛聖的氣氛

「爾時一切眾生喜見菩薩，見佛滅度，悲感懊惱，戀慕於佛，即
以海此岸栴檀為薪，供養佛身，而以燒之，火滅已後，收取舍利，
作八萬四千寶瓶，以起八萬四千塔，高三世界，表剎莊嚴，垂諸
旛蓋，懸眾寶鈴。」

【語譯】此時，一切眾生喜見菩薩，見佛滅度，頓失依怙，不禁悲感
懊惱，戀慕痛切！即以南海此岸的牛頭栴檀，聚積為薪，供養佛的遺骸，
舉火焚燒。火滅後，收取舍利，分儲於八萬四千寶瓶，以奉安舍利寶瓶，
塔高三千世界，上立表剎——幢竿，以為莊嚴，並垂諸旛蓋，懸掛著眾多
的寶鈴。

【釋文】佛聖住世的當下，若能得以因緣隨其行遊教化，此是人生的
最大福氣。唯當住世緣盡，其所留下的舍利，仍可表彰佛聖的另一示現；
而後人的建塔禮敬，除追慕懷思佛聖的大恩大德，更是親近佛聖氣氛的一
種方式。佛與眾生，其本質（本覺）並未有不同，唯佛是覺者，而凡夫在
迷，因此，如何引領眾生進入「始覺」，此為佛聖的本懷。為人首要能肯
定的是：自身的本性本善，本具足一切莊嚴、空靈、幸福，此為「信」。
於信之後，則要深入廣解所信的真義內涵，此為「解」。於解之後則要在
日常生活中修德，才能彰顯本性本具有的德性，此為「行」。於後終能明
白原來佛聖所言說引領的真義，於自身上確然得到是時的印證，此即為
「證」。

 普皆迴向一切眾生

「爾時，一切眾生喜見菩薩，復自念言：我雖作是供養，心猶未足，我今當更供養舍利。便語諸菩薩大弟子，天龍、夜叉等一切大眾：我今供養日月淨明德佛舍利。作是語已，即於八萬四千塔前，燃百福莊嚴臂，七萬二千歲，而以供養。令無數求聲聞眾，無量阿僧祇人，發阿耨多羅三藐三菩提心，皆使得住現一切色身三昧。」

【語譯】此時，一切眾生喜見菩薩，又自念道：我雖作此起塔供養，猶未滿足所願，我今應當再供養舍利。念畢，就告訴諸菩薩大弟子，及天龍、夜叉等一切大眾道：你們應當一心念佛，我現在要供養日月淨明德佛的舍利了。說畢，即以神力在八萬四千塔前，燃燒著為修百福所莊嚴的臂膊，直燒到七萬二千歲，以供養舍利。菩薩作此供養，非為自利，為令無數求聲聞眾，迴趣大乘；無量阿僧祇的初入道者，發阿耨多羅三藐三菩提心，使他們都得住於現一切色身三昧。

【釋文】這是菩薩為後人示現的難行能行，唯其本懷是為普皆迴向利益一切眾生，故簡言之；學人所要效法的是其動機與心態，而並不是要仿效其行為。當能在長時間熏習佛聖的教誨之下，佛聖的氣氛若能品得一二，則將更能領悟：在一切事物皆不孤起的觀照下，眾生與自己是一非二，利他等同利己，佛聖已為我們示現，其他則留待學人力行之。

 ## 於變異中的不執自在

「爾時，諸菩薩天人阿修羅等，見其無臂，憂惱悲哀，而作是言：此一切眾生喜見菩薩，是我等師，教化我者，而今燒臂，身不具足。於時一切眾生喜見菩薩，於大眾中，立此誓言：我捨兩臂，必當得佛金色之身，若實不虛，令我兩臂還復如故。作是誓已，

自然還復,由是菩薩福德智慧淳厚所致。當爾之時,三千大千世
界,六種震動,天雨寶華,一切人天得未曾有。」

【語譯】此時,諸菩薩、天、人、阿修羅等,見一切眾生喜見菩薩,
兩臂都無,不禁憂惱悲哀的這樣說道:此一切眾生喜見菩薩,是我們從而
受教的導師,他如今燒掉了臂膊,身體殘缺而不具足。這時一切眾生喜見
菩薩,為除眾憂惱,在大眾中,立此誓言:我捨棄兩臂,當來必定報得佛
身的金色莊嚴,倘若此事真實不虛的話,那就使我兩臂,還復如故。作此
誓畢,兩臂自然恢復舊觀,這是由於菩薩的福德智慧淳厚所致。當此之時,
感得三千大千世界,六種震動、天雨寶華,一切人天,都歎未曾有。

【釋文】對於大多數的人而言,總有許多難以割捨的人、事、物等,
此中,最寶貴愛惜的就是自己的身體,怕其熱、怕其冷、怕其餓、怕其老
病等,然即或是最愛惜的身體,也終將在時空間的遷流變動中而逐漸生、
老、病、死,此是宇宙的定理。唯佛聖能在變異中而自在不執,此或可謂
之:「於生死中,了脫生死」。

 ## 以施捨力保持不退轉

「佛告宿王華菩薩,於汝意云何?一切眾生喜見菩薩,豈異人乎?
今藥王菩薩是也。其所捨身布施,如是無量百千萬億那由他數。
宿王華!若有發心欲得阿耨多羅三藐三菩提者,能燃手指,乃至
足一指,供養佛塔,勝以國城妻子,及三千大千國土,山林河池,
諸珍寶物而供養者。」

【語譯】佛告宿王華菩薩:你的意思怎麼樣?那一切眾生喜見菩薩,
豈是別人嗎?就是今日在這靈山會上的藥王菩薩啊。他所行的這捨身布

施，非止一次，總有無量百千萬億那由他數了。宿王華！設若有人發心，欲得阿耨多羅三藐三菩提者，能燃燒手指，乃至足部一指，以供養佛塔，其功德之勝，非以國城妻子，及三千大千國土、山林、河池、諸珍寶物的供養者，所可比擬。

【釋文】欲處於世間而不染著，此中最重要的行持就是布施，唯於各種的施捨中，最難以放下的就是「我」與「我所」。今特舉藥王菩薩的捨身燃指布施為例，其主要目的是：在理不在事，當要能觀照身無常、無我所，且更能進一步以短暫的人身而行利他之事，則其身就是佛的應化身、菩薩的願力身。在修習佛聖之學的過程中，尤其是處於人多事雜的環境裡，大多數人是極容易產生退轉之心，若能擁有較強的施捨力，或可增加利他之行的逐步完成。

由有形的布施至心靈境界的提昇

「若復有人，以七寶滿三千大千世界，供養於佛，及大菩薩、辟支佛、阿羅漢，是人所得功德，不如受持此法華經，乃至一四句偈，其福最多。宿王華！譬如：一切川流江河諸水之中，海為第一。此法華經，亦復如是，於諸如來所說經中，最為深大。又如：土山、黑山、小鐵圍山、大鐵圍山，及十寶山，眾山之中，須彌山為第一。此法華經，亦復如是，如諸經中，最為其上。」

【語譯】若更有人，以七寶充滿三千大千世界，來供養佛，及大菩薩、辟支佛、阿羅漢，此人所得的功德，還不如受持這法華經，乃至一四句偈的福為最多。宿王華！譬如：一切川流江河的諸水之中，唯數百川匯歸汪洋無際的海水，最為第一。這會三歸一的法華圓教，也同海水一樣，在諸如來所說的經典裡，最為深大。又如：土山、黑山、小鐵圍山、大鐵圍山，

及十寶山，這眾山之中，唯數須彌山王為第一。這妙理窮極的法華經，也同須彌一樣，在諸經中，最為無上。

【釋文】有形的布施供養雖為可貴，但無形的心靈境界提昇，則當更屬難得，以是佛終究讚嘆若能「受持四句偈，其福最多」，其意在：若想度眾利他，首先要能度己，個人的起心動念、言行舉止，皆將展現在日常生活的細節中，於己是習氣、性格，於眾生就是一面可對照的鏡子，且眾生的眼睛都是雪亮的，學人又焉可不慎乎！

〈妙音菩薩品〉妙音菩薩智辯無礙，現一切色身隨類應化

 心心相印的光明遍照

「爾時，釋迦牟尼佛，放大人相肉髻光明，及放眉間白毫相光，遍照東方百八萬億那由他恆河沙等諸佛世界。過是數已，有世界名淨光莊嚴，其國有佛，號淨華宿王智、如來……佛世尊。為無量無邊菩薩大眾，恭敬圍繞，而為說法。釋迦牟尼佛，白毫光明，遍照其國。」

【語譯】此時，釋迦牟尼佛，從大人相的頂上肉髻，及眉間白毫裡放出光明，遍照東方百八萬億那由他恆河沙數的諸佛世界。過了這無數佛土，有一世界，名叫淨光莊嚴。其土有佛，別號：淨華宿王智，通號：如來……佛世尊，正在為恭敬圍繞著佛的無量無邊菩薩大眾說法。釋迦牟尼佛的白毫光明，遍照那淨華宿王智佛的國土。

【釋文】依佛的教示：修證有成則由其身所放照的光明，可以與宇宙虛空一切國土相融成光明滿遍，此於常人，或言：如是境界太高，離個人的實際生活太遠；或有以為，此是佛的境界，是常人所無法契入的。然細思佛的教誨，或可有如是的體悟：整體的宇宙，本是一充滿無量光明的能量體，而任何所呈現的一切人、事、物等，皆本具宇宙的光明，且一切人、

事、物之間，本是可互為轉換的，也可以說是互為共存、共融的關係，簡言之；宇宙與我是為一體，一切人、事、物皆是我。若能有如是的體悟，則自能行持利他於日常生活上，當範圍越廣，又至為細膩時，則光與光相融遍照的佛境，或能稍有所解。

 ## 定力就是實證做到

「爾時，一切淨光莊嚴國中，有一菩薩，名曰妙音，久已植眾德本，供養親近無量百千萬億諸佛，而悉成就甚深智慧，得妙幢相三昧、法華三昧、淨德三昧……得如是等百千萬億恆河沙等，諸大三昧。釋迦牟尼佛，光照其身。」

【語譯】此時，一切淨光莊嚴國裡，有一為菩薩，名叫「妙音」，他久已在因地植眾德本，曾經供養親近無量百千萬億諸佛，在每一佛所，都成就很深的智慧，得：妙幢相三昧、法華三昧、淨德三昧……證得如此百千萬億恆河沙等的諸大三昧。釋迦牟尼佛所放的白毫相光，透過諸佛世界，直照著妙音菩薩之身。

【釋文】一切修行法門各有不同，但為證得無上智慧則為一致。於佛門，智慧並非僅是意指解決問題的方法而已，所謂真實的智慧，是指面對任何的境界皆能轉得過來，簡言之；對一切人、事、物的真相能透徹瞭解，且能親修實證、力行做到，此是最為核心關鍵之處。然智慧的證得，必依戒、定以得，唯能具有三昧定力的觀照，才能真實了悟眼前的一切現象，皆是極為短暫幻化，於是，才能減少對立、化解衝突。如：「妙幢相三昧」妙法高顯如大幢旗能威伏一切；「法華三昧」能證三諦圓融之法；「淨德三昧」涅槃淨德究竟離垢。如是等等的三昧證得，皆在說明：唯具無量的定力智慧才能往來一切而無礙自在。

同為一體而互往學習

「妙音菩薩即白淨華宿王智佛言：世尊！我當往詣娑婆世界，禮
拜親近供養釋迦牟尼佛，及見文殊師利法王子菩薩、藥王菩薩、
勇施菩薩、宿王華菩薩、上行意菩薩、莊嚴王菩薩、藥上菩薩。」

【語譯】妙音菩薩既蒙光召，即稟白其師——淨華宿王智佛：世尊！
我應當到娑婆世界，去禮拜、親近、供養釋迦牟尼佛及會見文殊師利法王
子菩薩、藥王菩薩、勇施菩薩、宿王華菩薩、上行意菩薩、莊嚴王菩薩、
藥上菩薩。

【釋文】凡眼前所能見的一切人、事、物，其表象雖是各有不同，但
總體而言，無非就是短暫的現象而已，因於眾生有分別心，故產生優劣高
下的判斷，但若以一切相終歸於體，則體相本是一如。依此，以觀於一切
佛國淨土，乃至人類現所處的娑婆世界，皆是在一實相中而存在，簡言之；
即或相有無量無邊，但其源皆來自於共同之體。於是，在人世相處上，如
何建立共識、共知而共行，並彼此尊重而共存、共生、共榮，如是才能營
造共融、共樂的世界。然此中的關鍵處，在如何能由相而返歸體，此正是
諸佛與凡夫的差異所在。一切事物的成形，都是具備甚多的因緣，心生境，
境再生心，於是就產生成為無量無邊的相，一言以蔽之：牽扯糾纏是越來
越複雜，若不能體會如是輪迴的痛苦，則終將無有完了時，故「回頭是岸」
誠是心明者才能領悟之。

 ## 平等以視一切的現象

「爾時，淨華宿王智佛告妙音菩薩：汝莫輕彼國，生下劣想。善
男子！彼娑婆世界，高下不平，土石諸山，穢惡充滿。佛身卑小，
諸菩薩眾，其形亦小。而汝身四萬二千由旬，我身六百八十萬由
旬，汝身第一端正，百千萬福，光明殊妙。是故汝往，莫輕彼國，
若佛菩薩及國土，生下劣想。」

【語譯】此時，淨華宿王智佛告訴妙音菩薩：你到娑婆世界，不要輕
看彼國，生下劣想。善男子！彼娑婆世界的國土，高低不平，充滿土石山
丘，雜穢惡濁。佛身倭小，諸菩薩的身形更小。而你的身形，卻有四萬二
千由旬之高，我身更高到六百八十萬由旬，你的身相第一端正，為百千萬
福所莊嚴，清淨光明，殊勝妙絕。因此，你去到娑婆世界，不要輕慢彼國，
對佛菩薩的倭小，國土的穢惡，而生起下劣之想。

【釋文】一切現象的呈顯，皆是依於業因果報而然，簡言之；善因有
善業、惡因有惡業。於是，不論所相遇的一切人、事、物，或淨或穢、或
長或短，皆是眾生的業因所感而已。而佛菩薩為度眾生，也只是隨類而現
身，此中本無勝劣之分，皆是應化而然。妙音菩薩早已具備如是的見地，
尚勞煩其本師的殷殷叮嚀，實然是在規誡不達者。因此，即或眼前眾生的
正依報皆不善，更應尊重而協助之，待一朝業盡，其悟性精進恐勝過吾人，
故絕不敢輕人，是為修學者勸。

 ## 處處感恩、時時歡喜

「妙音菩薩白其佛言：世尊！我今詣娑婆世界，皆是如來之力、
如來神通遊戲、如來功德智慧莊嚴。於是妙音菩薩不起於座，身
不動搖而入三昧，以三昧力，於耆闍崛山，去法座不遠，化作八
萬四千眾寶蓮華，閻浮檀金為莖、白銀為葉、金剛為鬚、甄叔迦

寶，以為其臺。」

【語譯】妙音菩薩向彼佛表白他謹奉誠命說道：世尊！我今往娑婆世界，完全是以如來的慈力、如來的神通遊戲、如來的功德智慧而為莊嚴，絕不會輕慢彼國，生起下劣之想。於是，妙音菩薩就在座位上，身心不動的入於三昧，以此三昧定力，於耆闍崛山，離釋迦牟尼佛的法座不遠之處，化作八萬四千眾寶蓮華，而以閻浮檀金為蓮莖、白銀為蓮葉、金剛為蓮鬚、赤色的甄叔迦寶作為蓮臺。

【釋文】大抵凡人的習氣，多有邀功、討人情之事，喜歡自己的意見被採納，更以自身貢獻良多為沾沾自喜。於是，在人世的互動中，若順己則貪戀，逆己則瞋恚，以是造成身心無法獲得清淨自在。於今，妙音菩薩自謂一切皆是仰仗如來之力，皆是如來功德智慧莊嚴所成就之。此是學人最應仿效之處：在人世的相處上，處處感恩、時時歡喜，順境也感恩、逆境也感恩，如禪詩所言：「春有百花秋有月，夏有涼風冬有雪，若無閒事掛心頭，便是人間好時節。」外境總是變化無常，若自心能安然，才能感得一切皆自在，確然如是。

 ## 一念正向影響全世界

「華德！是妙音菩薩，能救護娑婆世界諸眾生者。是妙音菩薩，如是種種變化現身，在此娑婆國土，為諸眾生說是經典，於神通變化智慧，無所損減。是菩薩，以若干智慧，明照娑婆世界，令一切眾生，各得所知：於十方恆河沙世界中，亦復如是。」

【語譯】華德！這妙音菩薩，他是能夠救護娑婆世界的一切眾生者。這妙音菩薩，他雖以如是種種變化現身，在這娑婆國土，為諸眾生說此經

典，而於其神通變化的智慧，卻無所損減。此菩薩，他不但以若干因緣、譬喻等的智慧光明，洞照娑婆世界，使一切眾生各隨其根性的差別而得開解，且在十方恆河沙數的世界中也是如此。

【釋文】不起於座而能救護十方恆河沙數的世界，此於一般人，大抵以為這只是一種神通的譬喻說明，與自身相距遙遠，甚至可說是毫無相關。然今若以科學所謂的「蝴蝶效應」觀之，則個人的心念正向，實然正在影響著全世界。簡言之，即或只是自己一人，若能時時懷抱感恩祝福的心態，則法界全體亦能接收得到。如華嚴的「一即一切，一切即一」，顯然，唯有先建立全體法界與我為一的見地，才能使生命的層次向上提昇與超越。於現前的人世而論，除人類之外，尚有甚多的飛潛動植，乃至水火等礦物。如是看似不同的生命層次，實然彼此皆在互為影響著，甚至可說：彼此也在互為交換變化著。

 ## 因於外境不同的種種應對

「爾時，華德菩薩白佛言：世尊！是妙音菩薩，深種善根。世尊！是菩薩住何三昧？而能如是在所變現，度脫眾生？佛告華德菩薩：善男子！其三昧，名現一切色身，妙音菩薩住是三昧中，能如是饒益無量眾生。」

【語譯】此時，華德菩薩向佛請示的說：世尊！此妙音菩薩，深種善根之事，已承佛開示，具如上聞。世尊！但不知此妙音菩薩，安住於何等三昧，而能如是隨在所應，變現種種身形，度脫一切眾生呢？佛告訴華德菩薩道：善男子！其三昧的名稱，叫做：現一切色身，妙音菩薩安住在這三昧中，方能如此的現身說法，饒益無量眾生。

【釋文】隨著年齡的增長，也隨著人生種種不同的閱歷，對於人生乃

至生命態度，自有另一番的體會。當面對的人群越多時，將更能感受得到，任何一個生命，其歷程是無法被事先安排與設計的，每一小步，終需由自身去親領實行，即或是父母，也無法替代子女的任何一歷程。旁人僅能引導、關心而已，於是，若能有所體悟者，唯當面對不同的生命體時，最佳的角色扮演，就是依其生命樣態與之相處並深具同理心。如經典中所說的：菩薩應於不同的眾生而現不同之身，此絕非只是一種想像，實然就是善巧方便的必然作為。如：父母面對子女，依其不同年齡時，其所採取的態度與方式也應有所調整，此是父母之愛，也是成全生命的當然。

〈觀世音菩薩普門品〉觀世音菩薩普於法界尋聲救難，無所滯礙

 ## 以願行為名號注入力量

「爾時，無盡意菩薩，即從座起，偏袒右肩，合掌向佛而作是言：
世尊！觀世音菩薩，以何因緣，名觀世音？佛告無盡意菩薩：善
男子！若有無量百千萬億眾生，受諸苦惱，聞是觀世音菩薩，一
心稱名，觀世音菩薩，即時觀其音聲，皆得解脫。」

【語譯】此時，無盡意菩薩，即從座起，偏袒右肩，合掌向佛，先恭
肅禮儀，然後請問：世尊！凡屬名相，必有其建立的因緣，那觀世音菩薩，
他以何因緣，名為觀世音呢？佛告訴無盡意菩薩說：善男子！若有無量百
千萬億眾生，在受諸苦惱時，以唯一信心稱念其素所聞知的觀世音菩薩名
號，菩薩即時觀其音聲，使他們都解脫苦惱。

【釋文】人自一出生，父母即為其命名，此名號將隨著年齡的增長，
其所具有的象徵意義，則將更形明顯。若是在社會上有所貢獻，則其名號
是具有一定力量的，反之；危害社會者，亦令人聞其名而膽顫心寒。即或
是已歷經數千年後，名號仍具有其影響性。例如：孔子則被尊為「至聖先
師」，釋迦牟尼佛奉為「世尊」等。顯然，人的一生雖言短暫七、八十年，
然卻可以因於名號而不朽，即如歷代的佛聖賢哲們，其色身雖早已灰飛煙

滅，但法身精神卻與宇宙同壽。想來：為人若能秉持佛聖的心懷，常持正向光明以行事之，確然是可以入於佛聖的法身大海裡。

 ## 努力修學以嘉惠一方

「若有持是觀世音菩薩名者，設入大火，火不能燒，由是菩薩威神力故。若為大水所漂，稱其名號，即得淺處。若有百千萬億眾生，為求金、銀、琉璃等寶，入於大海，假使黑風吹其船舫，飄墮羅剎鬼國，其中若有，乃至一人稱觀世音菩薩名者，是諸人等，皆得解脫羅剎之難。以是因緣，名觀世音。」

【語譯】設若有人，持此觀世音菩薩名號者，縱使入於大火，也不會被火所燒，這是由於觀世音菩薩，以威神之力加被的緣故。設若有人，為大水所漂，一心稱念觀世音菩薩名號，即得淺灘，水不能溺。若有百千萬億眾生，成群結隊，為求：金、銀、琉璃等珍寶，航行入海，忽然為惡風所吹，把他們的船隻，漂入羅剎鬼國，其中有人，那怕是最少一人，稱念觀世音菩薩名號者，這百千萬億的人等，都可以得到菩薩神力的加被，解脫羅剎鬼的險難。菩薩，就是以這觀世人音聲而救苦救難的因緣，名為觀世音。

【釋文】若能深解「境由心生」，則當心滅時，外塵因無所緣故亦滅，以是入火、入水皆可安然無恙，此是菩薩自證的威神之力。學人或可自我勉勵：當自身越能保持正向光明的精神，則將越能嘉惠一方，先由個己，再擴而家庭，乃至鄰里等。同理，當面對外境較為多苦、多惱時，則更是修學的好對治，若能如是，自身將先得受益。

免難由己身做起

「若復有人，臨當被害，稱觀世音菩薩名者，彼所執刀杖，尋段段壞，而得解脫。設復有人，若有罪、若無罪，杻械枷鎖，檢繫其身，稱觀世音菩薩名者，皆悉斷壞，即得解脫。」

【語譯】若又有人，臨當被人殺害之時，一心稱念觀世音菩薩名號，則敵方所持的刀杖，即段段損壞，而解脫了死難。若更有人，不管是罪有應得，抑或無辜，被杻械枷鎖，繫身囹圄，能一心稱念觀世音菩薩名者，那枷鎖刑具，就頓時斷壞，而得解脫了。

【釋文】這是免刀杖難與枷鎖難，菩薩大悲平等的救護，不分有罪或無罪，此是菩薩的心懷。然為人如何才能得免於刀杖與枷鎖呢？世俗有一言：「欲知世上刀兵劫，但聽屠門夜半聲」，當人類對其他生命的殘殺太過，則反制在人類的社會裡，則是戰爭終無有止息時，此是最為有力的明證。同理，當為人總想以種種方式偷拐詐騙他人，則加諸在自身的就是各種刑具。顯然，欲求世界和平，唯有人類先能真誠的懺悔改過，當人們開始重視環境保護，實施減塑、禁塑乃至海洋無塑的一連串舉動時；當人們開始對土地採取友善的耕作，重視生態的多樣化；當人們願意投入更多的心力於彼此的互助平等、共榮共樂時；當人們開起溝通之門，化解長久以來的紛爭、歧視時，如是等等的共識與共行，我們似乎也能感受到些微的曙光。

不可思議的置心一意

「若有眾生，多於淫欲，常念恭敬觀世音菩薩，便得離欲。若多

恚，常念恭敬觀世音菩薩，便得離瞋。若多愚癡，常念恭敬觀
世音菩薩，便得離癡。無盡意！觀世音菩薩有如是等大威神力，
多所饒益。是故眾生，常應心念。」

【語譯】若有眾生，於淫欲之事，多所貪著，宿習難改，常至心恭敬
稱念觀世音菩薩，那自然仗菩薩神力的加被，就遠離淫欲了。若有眾生，
性情暴戾，多諸瞋恚，常至心恭敬稱念觀世音菩薩，那自然仗菩薩神力的
加被，就遠離瞋恚了。若有眾生，昏迷暗鈍，多諸愚癡，常至心恭敬稱念
觀世音菩薩，那自然仗菩薩神力的加被，就遠離愚癡了。無盡意啊！觀世
音菩薩有如是的威神之力，饒益多多，因此之故，願離三毒的眾生，都應
當不斷的一心稱念——南無觀世音菩薩。

【釋文】人生的煩惱，大抵多起於貪瞋癡，故其有「三毒」之稱。謂
其為三毒，實乃因於貪瞋癡是障礙真性流露的最大殺手。為人若能心靈充
實飽滿，則面對任何境界自能歡喜自在，否則，一旦欲求不滿、瞋恚難熄、
愚癡不斷，即或有再多的物質，也無法彌補空虛的心靈。今以菩薩的大願
力，於稱其名號之中，隨其所具有的功德力加被，自能感得菩薩的威神之
力，以斷除內心的三毒，此看似有點不可思議，實然就是當心念能置於一
處時，則所具有的冷靜觀察力，將使事情得以有更圓滿的處理方式。

 ## 恭敬與持名實不可分

「若有人受持六十二億恆河沙菩薩名字，復盡形供養：飲食、衣
服、臥具、醫藥。佛言：若復有人，受持觀世音菩薩名號，乃至
一時禮拜供養，是二人福，正等無異，於百千萬億劫，不可窮盡。
無盡意！受持觀世音菩薩名號，得如是無量無邊福德之利。」

【語譯】設若有人持念六十二億恆河沙數的菩薩名字，而且盡形壽，終身供養：飲食、衣服、臥具、醫藥。佛言：假使又有人持念觀世音菩薩名號，乃至最短一時禮拜供養，這二人所感得的福，正好相等，沒有差別，都於百千萬億劫，不可窮盡。無盡意！受持觀世音菩薩名號，感得了這樣無量無邊福德的利益。

【釋文】此段的重點有二：一是持名與恭敬二者實不可分。二是受持名號的多或寡，其所感得之福無有差異。佛門強調「信」的重要性，唯能真信菩薩的名號功德，才能感得菩薩的威神助力，此中確然是持名與恭敬不可二分。至於，持名的多或寡，若是論事則自有天淵之別；然若是論理，則一多相即，此乃因於是由菩薩修習而得證圓通，故一與多確然無別。於學人而言，常日應要多持名不間斷，萬不可自恃而忘卻修習工夫的累積。所謂的一即是多，若學人可以一念恆持不忘，此一即是多；且為降伏無始劫以來的習氣，若能念念用功以相應菩薩之德，亦自能感得不可思議的加持。

 ## 以不同之身而度不同之人

「無盡意菩薩白佛言：世尊！觀世音菩薩，云何遊此娑婆世界？云何而為眾生說法？方便之力，其事云何？佛告無盡意菩薩：善男子！若有國土眾生，應以佛身得度者，觀世音菩薩，即現佛身而為說法。應以辟支佛身得度者，即現辟支佛身而為說法。應以聲聞身得度者，即現聲聞身而為說法。」

【語譯】無盡意菩薩向佛請問的說：世尊！觀世音菩薩，原是西方彌陀淨土的補處大士，他為什麼來遊此娑婆世界？又怎樣為眾生說法？這些遊化的方便之力，他的事相，又是怎樣的呢？佛告無盡意菩薩道：善男子！

無論在任何國土上的眾生，假如應以佛身得度的，觀世音菩薩，便投其所好，現作佛身，為他說頓入一乘的圓妙大法。假如應以辟支佛身得度的，觀世音菩薩，便應其所求，現辟支佛身，為他說緣起性空的無生大法。假如應以聲聞身得度的，觀世音菩薩，便隨其機宜，現聲聞身，為他說解脫三界生死的四諦之法。

【釋文】在無量劫來的生死流浪中，個人的根機將隨其眼光、願力等不同而有差別，故佛雖開設八萬四千法門，但又特為說明：「法法平等，無有高下」，一切法皆是為度一切眾生而設，若無有一切眾生的煩惱，則自不需要一切法門。凡所使用的善巧方便，皆是為度眾生而然，一切只是「依人治人、依法治法」而已，故不在法門上評論其高下。

 ## 無畏精神的養成

「無盡意！是觀世音菩薩成就如是功德，以種種形，遊諸國土，度脫眾生。是故汝等應當一心供養觀世音菩薩。是觀世音菩薩摩訶薩，於怖畏急難之中，能施無畏，是故此娑婆世界，皆號之為施無畏者。」

【語譯】無盡意！此觀世音菩薩，成就這樣的功德——以種種身形，遍遊十方國土，度脫眾生。因此，你們應當一心供養觀世音菩薩。此觀世音菩薩摩訶薩，他在眾生生死交關的怖畏急難當中，能施以無畏，使之脫離險難。以此之故，這娑婆世界的眾生，都稱他叫「施無畏者」。

【釋文】在修學佛聖之學的過程中，不論所修學的法門各具不同內涵，然其最終的目的皆是為成就無上正等智慧。簡言之，如何將本具有的德性呈顯出來，以利益眾生，此為佛聖之學的終極目標。唯真實的智慧成就，需由修習布施、持戒、忍辱、精進、禪定等而得，亦唯有在如是的歷

程中，才能確然養成大無畏的精神，以利益眾生而無有退卻。此乃因於，佛聖之學並非是理論研究，而是生活的確然實證，是一種將生活由煩惱、憂愁、鬱悶反轉為快樂、歡喜、幸福的境地。唯當處於複雜的人事環境裡，尤其在現今資訊極度染污之下，人與人、家與家、乃至國與國之間，總是充滿著甚多負面的氣氛時，如何常保不畏懼的正向能量，可謂是學人最當用心處。

〈陀羅尼品〉陀羅尼咒守護持經者，不使邪惡鬼，得便侵毀

 修福與自證是一非二

「爾時，藥王菩薩，即從座起，偏袒右肩，合掌向佛而白佛言：世尊！若善男子、善女人，有能受持法華經者，若讀誦通利、若書寫經卷，得幾所福？佛告藥王：若有善男子、善女人，供養八百萬億那由他恆河沙等諸佛，於意云何？其所得福，寧為多不？甚多世尊。佛言：若善男子、善女人，能於是經，乃至受持一四句偈，讀誦解義，如說修行，功德甚多。」

【語譯】此時，藥王菩薩即從座起，先偏袒右肩，合掌向佛問道：世尊！假使有善男子、善女人，能夠受持法華經者，或讀誦通利、或書寫經卷，得幾許福呢？佛反問藥王：若有善男子、善女人，供養八百萬億那由他恆河沙數諸佛，你的意思怎樣，他所得的福，可算多不？藥王答：很多，世尊！佛說：若有善男子、善女人，於此法華經典，最少受持一四句偈，而能讀誦其文、瞭解其義、如說修行，這功德，比那供養所得的福報更多。

【釋文】福報與功德的不同在於：福報可與人共享，如：將自身的財富施予他人，他人亦可得受之。然功德在於如說修行，是內自證的功夫，是他人所無法取予的。故在各經論之中，一再強調：依法修行勝於布施供

養，其理在此。唯內自證的功德，是必須在利眾之中而證得，簡言之；修福與自證，此兩者是一非二。亦唯有能真實的利益眾生，才能真實親證本具一切如來的智慧德相。

 ## 契入諸佛的無量心地

「爾時，藥王菩薩白佛言：世尊！我今當與說法者陀羅尼咒，以守護之。即說咒曰。世尊！是陀羅尼神咒，六十二億恆河沙等諸佛所說，若有侵毀此法師者，則為侵毀是諸佛已。時釋迦牟尼佛，讚藥王菩薩言：善哉！善哉！藥王，汝愍念擁護此法師故，說是陀羅尼，於諸眾生，多所饒益。」

【語譯】此時，藥王菩薩，秉白於佛，他說：世尊！我今天當說陀羅尼咒，來守護這受持法華經的法師，即說咒。藥王菩薩又說：世尊！此陀羅尼神咒，乃六十二億恆河沙等諸佛所授，假使有人敢侵毀這持經的法師，那就等於侵毀傳授神咒的諸佛。這時，釋迦牟尼佛讚歎藥王：善哉！善哉！藥王，你為愍念眾生，擁護這弘經的法師之故，說此陀羅尼咒，這對受化的眾生來說，是有甚多利益的。

【釋文】梵語「陀羅尼」，翻譯為中文即是「總持」，就是以定力所發的密語，為眾除患，有不可測的神驗。依例，咒為諸佛密語，故多不翻譯。信行者，但隨咒語的音聲，摒除雜念，一心稱念，即能感得諸佛的加持。學人於此，或可如是的體證：所謂「境隨心轉」，當自心越是清淨無染時，則自能感得環境的自在與如意。因於，諸佛的言說音聲終有其盡，如何才能契入諸佛的無量心地裡，顯然，唯有真誠無有一念，才能與外法界相融為一。

以行善修德互為祝福

「爾時，勇施菩薩白佛言：世尊！我亦為擁護讀誦受持法華經者，說陀羅尼。若此法師，得是陀羅尼，若夜叉、若羅剎、若餓鬼等，伺求其短，無能得便。即於佛前而說咒曰。世尊！是陀羅尼咒，恆河沙等諸佛所說，亦皆隨喜。若有侵毀此法師者，則為侵毀是諸佛已。」

【語譯】此時，勇施菩薩，稟白於佛：世尊！我也為擁護讀誦受持法華經的法師，說陀羅尼咒，如果持經的法師得此神咒，那就無論是夜叉、羅剎、餓鬼等，想伺隙求法師之短而予以加害，是不能得乘其便的，即說咒。勇施菩薩又說：世尊！這陀羅尼神咒，乃承傳自恆河沙等諸佛，今說此咒，諸佛也都隨順歡喜。假使有誰敢侵毀此法師，那就等於是侵毀諸佛。

【釋文】於人世間的關係中，父母對子女的愛護可謂是最為純淨無雜染的，無論子女是否有所成就，父母的牽掛誠是絲毫不減。然隨著年歲的漸增，子女或因於課業、工作，乃至婚姻等，皆有可能遠離父母身邊。唯所謂「天下父母心」，父母對子女的關懷期盼，終是無有止盡的。當距離已成時，最能互為祝福的，就是行善修德；父母有德，子女亦能感得受益，同理，子女深具知本報恩行，也能予父母無盡的正向能量。菩薩為擁護善行者，必將施予最深的祝福，如是菩薩的心懷，學人誠然是可以仿效的。

依定而契入自得境地

「爾時，毘沙門天王護世者，白佛言：世尊！我亦為愍念眾生，

擁護此法師故，說是陀羅尼。即說咒曰。世尊！以是神咒，擁護法師，我亦自當擁護持是經者，令百由旬內，無諸衰患。」

【語譯】此時，毘沙門天王稟白於佛：世尊！我也為愍念眾生，擁護此法師故，說此陀羅尼咒。即說咒。毘沙門天王又說：世尊！除以此神咒擁護法師外，我自己也應當擁護法師，使之在百由旬內，沒有被邪惡侵毀的衰患。

【釋文】在人生的歷程中，尤其在青少年時期，之所以又名為「叛逆期」，此乃因於青少年時期，一方面正值成長發育，另一方面人生的方向尚處在摸索階段中。若能有善的引導，使其找到人生的價值方向，則對其往後的發展，通常有決定性的作用。然若不能有正向的目標，容易走入偏差之路亦往往在此時期。當檢視整體的人生時，人生是否可以過得心安自在，此中的關鍵在於價值方向的確定。如〈大學〉所云：「知止而後有定」，定就是人生方向的確立，於定之後，才能依次產生「靜、安、慮、得」，「得」可以說就是一種智慧的自得。且觀不同菩薩自有其不同的咒語，此恍若在人生契入自得後，自然所產生的一種精華的智慧語言，簡言之；將整體人生的過程心得，以短短數言或數十言而呈現。學人若能以如是態度觀待咒語，或將有另一番不同的境地吧！

 ## 以自心得護衛正法流傳

「爾時，持國天王，在此會中，與千萬億那由他乾闥婆眾，恭敬圍繞，前詣佛所，合掌白佛言：世尊！我亦以陀羅尼神咒擁護持法華經者。即說咒曰。世尊！是陀羅尼神咒，四十二億諸佛所說，若有侵毀此法師者，則為侵毀是諸佛已。」

【語譯】此時，持國天王，在此靈山會中，率領千萬億那由他之多的乾闥婆眾，前往佛所，恭敬圍繞，合掌白佛：世尊！我也以陀羅尼神咒，擁護受持法華經的法師，即說咒。持國天王又說：世尊！這陀羅尼神咒，乃四十二億諸佛所說，假使有誰敢侵毀這持經的法師，那就是已經侵毀說咒的諸佛。

【釋文】於現前所觀得的各咒語中，長短互有不同，其內涵深義亦自有異。然不變的是，皆是諸佛、菩薩、天王等的心語，是為護持趣向自利利他之輩，於此則為一。因此，學人不宜在咒語上互為比較，以不同咒語有其不同作用而觀之，有緣人各有其所好，如是即可。或許學人可以努力的方向是：當人生暫告一階段時，可將心得呈現，為之留下一些痕跡，此為可行之事。如：廣欽老和尚：「無來亦無去，沒有什麼事」，文字雖淺白而短，卻蘊含深義無窮。後人亦將在咀嚼法語的深義中，自能與老和尚同在與同心。想來：諸佛菩薩為護衛正法流傳，在努力行持的過程中，自有其心得留下，此是學人可觀得的。

彼此互為影響的一大生命體

「爾時，有羅剎女等，與鬼子母，并其子，及眷屬，俱詣佛所，同聲白佛言：世尊！我等亦欲擁護讀誦受持法華經者，除其衰患，若有伺求法師短者，令不得便。即於佛前而說咒曰。寧上我頭上，莫惱於法師。即於佛前而說偈言：若不順我咒，惱亂說法者，頭破作七分，如阿梨樹枝；如殺父母罪、亦如壓油殃、斗稱欺誑人、調達破僧罪。犯此法師者，當獲如是殃。」

【語譯】此時，有吃人的羅剎女鬼，和鬼子之母，及鬼子眷屬，一齊到佛所，向佛稟白：世尊！我們也想以陀羅尼咒，來擁護讀誦受持法華經

者，以除其衰患。假如有人想伺隙尋法師的短處，而予以加害，使他無隙可乘，不得其便。即在佛前說咒。羅剎女等又說：寧可上在我的頭上，也不可惱亂法師。即於佛前說偈：若不服從我的禁咒，膽敢惱亂法師者，當教他頭破七分，如七股叉的阿梨樹枝；也如殺害父母之罪、被壓榨成油的禍殃、輕秤小斗欺誑他人、如提婆達多破和合僧等的重罪一樣。凡是侵犯這持經的法師者，都應當獲得這樣罪惡深重的禍殃。

【釋文】不同法界的生命層次即或不同，但同願生活安寧、自在則為一致。對大法界而言，生命是一大共同體，一即一切，此絕非是理論，而是事實的真相。且觀生命體之間是彼此互為影響的，因此，羅剎鬼擁護修行者，其理與事當可領會之。

領會內心清淨不動的境地

「佛告諸羅剎女：善哉！善哉！汝等但能擁護受持法華名者，福不可量；何況擁護具足受持，供養經卷，華香、瓔珞等，燃種種燈，如是等百千萬種供養者。皋帝！汝等及眷屬，應當擁護如是法師。說是陀羅尼品時，六萬八千人，得無生法忍。」

【語譯】佛告諸羅剎女：善哉！善哉！你們但能擁護受持法華經的經名者，福德是不可限量的；何況擁護受持全經，供養經卷，以華香、瓔珞等；燃種種燈，這樣百千萬種種供養者，那福德豈不更大。皋帝！你們諸羅剎女，以及你們的眷屬，鬼子母等，都應當擁護這樣受持供養法華經的法師。說此陀羅尼品時，會中有六萬八千人，得真智安住於一切法畢竟空寂的實相理體而不動的「無生法忍」。

【釋文】在一切的修行中，布施是第一，行財施、法施、無畏施，於一般人而言，是較可為之事。由布施而持戒，能信守五戒（不殺、不盜、

不邪淫、不妄語、不飲酒等），相比於布施則更顯難得。由持戒再忍辱，此又不易於持戒，即或在法義的高度熏習之下，或許可以當下忍得一時，此已屬可貴；然大多內心尚仍不平，乃至若干年後，每一回想則怨懟之情又生，如此情況可謂比比皆是。更何況得至「無生法忍」的境地，於一切境界皆能「不取於相，如如不動」，學人不宜先氣餒做不到，或許可以先思惟領會如是的心境吧！

〈妙莊嚴王本事品〉妙莊嚴王宿世的行業事迹

 由親眷屬至道眷屬

「爾時,佛告諸大眾:乃往古世,過無量無邊不可思議阿僧祇劫,有佛名雲雷音宿王華智。彼佛法中,有王名妙莊嚴,其王夫人名曰淨德。有二子:一名淨藏,二名淨眼。是二子有大神力,福德智慧,久修菩薩所行之道。爾時,彼佛欲引導妙莊嚴王,及愍念眾生故,說是法華經。母告子言:汝等應往白父,與共俱去。汝等當憂念汝父,為現神變,若得見者,心必清淨,或聽我等,往至佛所。」

【語譯】此時,佛告大眾:過去無量無邊不可思議阿僧祇劫的往古之世,有佛,號為「雲雷音宿王華智」。在彼宿王華智佛的正法期間,有一位國王,名叫妙莊嚴,他的夫人,名叫淨德,他有二子,一名淨藏,一名淨眼。這兩個王子,有大神力、福德、智慧,宿世以來,久修菩薩所行的道法。此時,彼宿王華智佛,欲引導妙莊嚴王,轉迷為悟,及愍念在纏眾生故,說此一乘圓妙的法華經典。淨德夫人告二子道:你們應當去勸你們的父王,和我們同往見佛。你們應當憂念他,為他現神通變化的奇異之事,他若見此神異,必定心得清淨,或許聽從我們去見佛聞法。

【釋文】能同為至親眷屬,乃多生多劫的深厚因緣,若是為報恩而來,彼此互勸精進修道,如是則能恩上加恩;若是為報怨而聚,若能彼此成全

修道，才能將冤仇化解。唯有將關係往上提昇至道眷屬，才能真實對彼此有益。

 ## 成就父母的慧命才是為子之道的究極

「於是二子，念其父故，踊在虛空，高七多羅樹，現種種神變，令其父王，心淨信解。時父見子，神力如是，心大歡喜，得未曾有，合掌向子言：汝等師為是誰，誰之弟子？二子白言：大王！彼雲雷音宿王華智佛，今在七寶菩提樹下法座上坐，於一切世間天人眾中，廣說法華經，是我等師，我是弟子。父語子言：我今亦欲見汝等師，可共俱往。」

【語譯】於是，二子為念其父王，即騰身而起，在高於七多羅樹的虛空裡，現種種神變，使他的父王，心得清淨，而於正法，生起信解。時妙莊嚴王，見其二子的神力如此，覺得心大歡喜，為空前未有，乃合掌向二子道：你們依誰為師，是誰的弟子？二子答道：大王！現今坐在七寶菩提樹下的法座上，正對著一切世間天、人大眾，廣說法華經的雲雷音宿王華智佛，就是我師，我們就是佛的弟子。嚴王聞佛、法名，宿因機動，隨即向二子說道：我現在也想見佛，可以跟你們一同前往。

【釋文】一切佛聖之教，無不由孝親尊師做起，也可以說，人倫的根本在孝悌。當自己有所成時，首要榮耀的就是自己的父母、兄弟等。唯於孝親上，除物質的奉養，更要能體貼父母的心情，於自己德行上無有虧損不使親蒙羞，除以上的養身、養心、養志之外，如何得令父母能了脫生死苦惱以成就自身的慧命，如是才可謂是完成為子之道。

把握因緣、重遇為難

「於是二子，從空中下，到其母所，合掌白母：父王今已信解，
堪任發阿耨多羅三藐三菩提心。我等為父已作佛事，願母見聽於
彼佛所，出家修道。爾時二子欲重宣其意，以偈白母：願母放我
等，出家作沙門。諸佛甚難值，我等隨佛學。如優曇缽華，值佛
復難是，脫諸難亦難，願聽我出家。母即告言：聽汝出家，所以
者何？佛難值故。」

【語譯】於是，二子收攝神變，從空中冉冉而下，到他母親的所在，
合掌恭敬，將父王受化的喜訊，向母親稟報：父王今已信解正法，頗堪勝
任發阿耨多羅三藐三菩提心了。我等為父王作方便化導的佛事已竟，但願
母親聽許我們，於宿王華智佛所，出家學道。此時二子，想把出家的意思
再宣達一遍，乃說偈道：但願慈母，放我們出此三界牢獄之家，到佛所去
作修道的沙門，因為諸佛出世，很難遭遇，我們要不失時機，隨佛修學。
遇佛之難，更難於優曇缽華，脫離世間一切苦難，也很不容易。因此，惟
願母親，聽許我們出家學道。淨德夫人，隨即告二子道：我聽許你們出家，
因為諸佛出世，難得值遇之故。

【釋文】為人只要稍有返顧，則知：一切因緣的轉變，都在不知不覺
之間，一眨眼幾十年倏忽而過。尤其是得聞佛聖之學的殊勝因緣，更應把
握當下，因於，重遇為難；唯如何在短暫一生，能於自我心性有大幅提昇，
則又至為關鍵。

今生要向此身度

「於是二子白父母言：善哉父母！願時往詣雲雷音宿王智佛所，親近供養。所以者何？佛難得值，如優曇缽羅華，又如一眼之龜，值浮木孔。而我等宿福深厚，生值佛法，是故父母當聽我等，令得出家。所以者何？諸佛難值，時亦難遇。」

【語譯】父母既許見佛，又聽出家，於是二子稱歎父母說道：善哉父母！願即時前往，雲雷音宿王華智佛所，親近供養。為什麼？因為佛難值遇，如難得一現的優曇缽羅華；又如大海中的一眼盲龜，碰到浮木上的孔穴，是一樣的不易。然而，我等宿世的福業深厚，今生幸值佛法，所以父母應當聽許我等出家。因為：一則是諸佛難值，二則是生時難遇啊！

【釋文】人生看似有甚多的事物都是理所當然，唯若能深思之：則知一切皆是甚為不易之事。例如：得此人身，且看有多少不同法界的各類眾生，今生能得此六根無缺損的身體，實然是需要大福報的。又如：能聽聞佛聖正法，讓自身雖在人世的浮沉中，彷彿得一浮木，不致飄零迷茫於貪瞋癡慢疑裡，反能引領自身走向更為正向光明的大道，如是的福報更是難以估量。且再觀想：在時空的流轉中，於今青絲已漸染上白髮，若再不能及時把握因緣，以向自身而度化之，又能再待何時呢？想到時間的不待人，則其他的種種一切，亦似乎亦能漸漸放捨得下。

 ## 無有疲厭的無量因緣無量世

「彼時妙莊嚴王，後宮八萬四千人，皆悉堪任受持是法華經。淨眼菩薩，於法華三昧，久已通達。淨藏菩薩，已於無量百千萬億劫，通達離諸惡趣三昧，欲令一切眾生，離諸惡趣故。其王夫人，得諸佛集三昧，能知諸佛秘密之藏。二子如是以方便力，善化其父，令心信解，好樂佛法。」

【語譯】那時，妙莊嚴王的後宮，有八萬四千嬪從采女，都能勝任受持此法華經。他的二子：淨眼菩薩，於法華三昧，久已通達；淨藏菩薩，為令一切眾生，離諸惡趣之故，他於無量百千萬億劫，先已通達離諸惡趣三昧。其夫人淨德，也得了諸佛集三昧，能夠了知諸佛的秘密法藏。其二子，以這樣神異的方便之力，善能化導其父，使之心生信解，喜好佛法。

【釋文】為人的一生，所能自我親歷的事情總是有限，於是，所謂的「堪受大法」，就是將自己所無法經驗到之事，依之來提昇自己的見地，改變自己的習氣，此即是受教育的真實目的，也是聽經聞法的重要所在。為人若能在佛聖的教導之下，確然有所通達，則能明知自己與萬法存在的關係，實然就是一體的。唯於實證上，宜先由身邊的人事物做起，此中，如何度化轉變提昇自己父母的見地，是為人子女的重要之事。且觀無量因緣、無量世，故能生生世世無有疲厭，是為修學佛聖大法的根本所在。

 ## 彼此互為貴人與善知識

「爾時，雲雷音宿王華智佛告妙莊嚴王言：如是如是，如汝所言，若善男子、善女人，種善根故，世世得善知識，其善知識能作佛事，示教利喜，令入阿耨多羅三藐三菩提。大王當知，善知識者，是大因緣，所謂化導令得見佛，發阿耨多羅三藐三菩提心。」

【語譯】此時，雲雷音宿王華智佛，告妙莊嚴王道：是的！是的！你所說的，實在就是如此：假使善男子、善女人，種有善根的話，他世世都得遇善知識，能作佛事，示教利喜，使之悟入阿耨多羅三藐三菩提。大王！你應當知道，善知識是大事因緣，非同小可？就是所謂的教化利導，令得見佛，發阿耨多羅三藐三菩提心啊！

【釋文】於世俗上，有所謂的得遇貴人之說，凡當人生正處於茫然無

措之時，若能適時有人給予協助，使人生走向一光明坦途，如是之人，則可謂為貴人。然當自己想得遇貴人，則首先要先能成為他人的貴人，想來：唯有能無私地利人、凡事能體貼他人、多替他人設想，甚且能寬諒他人、祝福他人，如是等等，皆是在為自己營造好的貴人。然佛門的善知識，則與一般的貴人有所不同，是指能引導我們契入佛聖大法之人，顯然，亦非是一般傳授某種知識的老師而已。如何促使全世界能走向更為美好的未來，這是所有人的期盼，或許得先由親近善知識開始吧！

由凡夫之情至先天親緣

「佛告大眾：於意云何？妙莊嚴王，豈異人乎，今華德菩薩是。其淨德夫人，今佛前光照莊嚴相菩薩是，哀愍妙莊嚴王，及諸眷屬故，於彼中生。其二子者，今藥王菩薩、藥上菩薩是。是藥王、藥上菩薩，成就如此諸大功德，已於無量百千萬億諸佛所，植眾德本，成就不可思議諸善功德。若有人識是二菩薩名字者，一切世間諸天人民，亦應禮拜。」

【語譯】你們的意思怎麼樣？彼時的妙莊嚴王，豈是別人？就是今日靈山會中的華德菩薩啊！他的夫人淨德，即今佛前放光東照的莊嚴相菩薩，為哀愍妙莊嚴王，及其眷屬，墮入世網之故，所以才於彼國中示現受生，為王夫人。其二子淨藏、淨眼，就是現在的藥王、藥上菩薩的前身。這藥王、藥上菩薩，成就如此的諸大功德，並非無因，而是於無量百千萬億諸佛處所，植眾德本，早已成就不可思議的諸善功德。設若有人識此藥王、藥上二菩薩的名字者，即是入道之士，一切世間諸天人民，也應當對此人恭敬禮拜。

【釋文】佛為我們開演無量因緣、無量世，於此，若能有所悟處：凡

眼前的一切人事物，皆是彼此互為關係存在著。尤其，與自己身邊越是親近之人，則因緣的會聚恐已是無量世。如何由冤親平等，以至彼此互為成全、提昇，才能將凡夫之情，轉化成先天親緣。

〈普賢菩薩勸發品〉普賢菩薩勸人發心持經

 依所成就之法而回歸本位

「爾時，普賢菩薩白佛言：世尊！我於寶威德上王佛國，遙聞此娑婆世界，說法華經，與無量無邊百千萬億諸菩薩眾，共來聽受，惟願世尊！當為說之，若善男子、善女人，於如來滅後，云何能得是法華經？佛告普賢菩薩：若善男子、善女人，成就四法，於如來滅後，當得是法華經：一者為諸佛護念，二者植眾德本，三者入正定聚，四者發救一切眾生之心。善男子、善女人，如是成就四法，於如來滅後，必得是經。」

【語譯】此時，普賢菩薩向佛稟白：世尊！我於寶威德上王佛國，遠遠的聽到佛在這娑婆世界，講法華經，所以才偕同無量無邊百千萬億諸菩薩眾，前來聆聽，惟願世尊善為解說：若善男子、善女人，於如來滅後，畢竟如何，才能得此法華經一乘圓妙的宗趣？佛告普賢菩薩：若善男子、善女人，成就四法，於如來滅後，便能得此法華經的圓妙宗趣，這四法是：一者，道契佛心，為諸佛之所護念，使外惡不侵，內善得生；二者，要深植福慧兼辦的眾德根本；三者，要入於畢竟證悟的正定聚；四者，要發起救護一切眾生的大慈悲心。善男子、善女人，如果能成就如是四法，那就於如來滅後，必定能得此法華經。

【釋文】雖言一切眾生其本是佛，然要由凡夫返轉歸佛，此中歷程則

有淺深高下的不同,簡言之;終將依於不同的精進程度,產生不同的結果,於此,則不得不用心啊!

 與諸佛印心以得守護

「爾時,普賢菩薩白佛言:世尊!於後五百歲濁惡世中,其有受持是經典者,我當守護,除其衰患,令得安隱,使無伺求得其便者。是人若行若立,讀誦此經,我爾時乘六牙白象王,與大菩薩眾,俱詣其所,而自現身,供養守護,安慰其心,亦為供養法華經故。」

【語譯】此時,普賢菩薩稟佛說道:世尊!假使於佛滅後,後五百歲的惡濁世中,有受持這法華經者,我當嚴為守護,免其禍患,令得安隱,不使有人伺隙加害而得其便。這持經人,縱使在行走或站立的時候,仍於此經讀誦不輟。我於爾時,即乘六牙白象王,同大菩薩眾,去到他的所在,自動現身,以供養守護來安慰他的心情。這不但為供養持經人,間亦為供養法華經故。

【釋文】經典是佛聖的心法流露,即或其已遠去,然其精神仍透過文字在在呈顯著,於是,若想與佛聖親近,則讀誦其所留下的經典,就得以倘佯在佛聖的氣氛裡。若能再進一步弘揚其經義,則能得受佛聖的加持力,此絕非是妄想或僅只是一種想像而已。古人有「文以載道」之語,且觀佛聖所留下的經典文字,其文字所具有的義理力量,即使至今,朗讀之仍得以感受佛聖的心思胸懷。至此,學人或能更加體會,善選並閱讀優良的書籍,於為人的身心靈實然有甚大的影響,此於,現今資訊極度氾濫之際,則更顯其迫切與需要。

聽聞、思惟、力行是一非三

「是人若坐思惟此經，爾時我復乘白象王，現其人前。其人若於
法華經有所忘失一句一偈，我當教之，與共讀誦，還令通利。爾
時受持讀誦法華經者，得見我身，甚大歡喜，轉復精進。以見我
故，即得三昧，及陀羅尼，名為旋陀羅尼、百千萬億旋陀羅尼、
法音方便陀羅尼，得如是等陀羅尼。」

【語譯】此持經人，若在靜坐思惟此經，這時，我復乘白象王，出現
在他的面前。他若於法華經，有所遺忘或一句一偈，我當教他恢復記憶，
讀誦通利。此時那受持讀誦法華經者，見我現身，異常歡喜，就更加精進。
因見我之故，所以才得三昧與陀羅尼，這陀羅尼的名稱是：旋陀羅尼——
旋假有而入於空理的智力、百千萬億旋陀羅尼——旋空出假而通達諸法的
智力、法音方便陀羅尼——更入中道，空假無礙自在說法，就是得諸如此
類的陀羅尼門。

【釋文】於一般學人，即或有心聽聞佛聖心法，然大多是旋聽旋忘，
或者僅是有些微的印象而已；此中甚為重要的因素，就是於聽聞後缺乏進
一步的深度思惟。尤其是佛聖心法，是一種親修實證的流露，除於聽聞、
思惟後，要能依教奉行，才能真實契入佛聖之心。亦唯有依於如是的心行，
則必得佛聖的加持而豁然開朗，如經文所言：「得見我身」，此乃意謂當能
思惟佛聖法義時，則自能與佛聖感應道交。

一心清淨則與諸佛菩薩同在

「世尊！若後世後五百歲，濁惡世中，比丘、比丘尼、優婆塞、優婆夷，求索者、受持者、讀誦者、書寫者，欲修習是法華經，於三七日中，應一心精進，滿三七日已，我當乘六牙白象，與無量菩薩而自圍繞，以一切眾生所喜見身，現其人前，而為說法，示教利喜。亦復與其陀羅尼咒，得是陀羅尼故，無有非人能破壞者，我身亦自常護是人。」

【語譯】世尊！若於佛滅度後的五百歲，五濁惡世之中，有：比丘、比丘尼、優婆塞、優婆夷這四眾弟子，他們求所經卷，受持讀誦書寫，欲修習此法華經者，應約期在三七日間，一心精進，期滿，我當乘六牙白象，為無量菩薩所圍繞，以一切眾生所喜見的妙色身相，出現在他面前，為他說法，開示教誨，使他得善法的利益，而心生喜悅。不但為他說法，也為他說陀羅尼咒，就沒有非人的惡魔，能破壞正法，我也常以自身，守護此人。

【釋文】對於如何才能與諸佛菩薩相應，乃至蒙諸佛菩薩現身說法，如是的經文敘述，大抵多數人或以為某一種啟信後人的作用而已。然若能細心體悟：此中的關鍵在眾生如何能由雜念而至一念，乃至無念而念的過程，當能如是的一心清淨，實然是與整個宇宙同體。或許學人可以先努力地親修實證：當真能持一心清淨無有雜想時，則自身些微的起心動念皆能觀察得到時，此是如何的心境呢！

仰仗諸佛菩薩的威神力以對治傲慢

「若法華經行閻浮提，有受持者，應作此念：皆是普賢威神之力。若有受持、讀誦、正憶念、解其義趣、如說修行，當知是人行普賢行，於無量無邊諸佛所，深種善根，為諸如來手摩其頭。是人

命終,為千佛授手,令不恐怖,不墮惡趣,即往兜率天上彌勒菩
薩所,而於中生,以如是等功德利益。」

【語譯】若法華經,流行到南閻浮提,有受持者,應當作此念道:我
今得受持此經,都是普賢菩薩的威神之力所使然。若更有人,於此法華,
能夠:受持、讀誦、正念思惟、解其義趣、如說修行者,當知此人行的是
普賢之行,他已於無量無邊諸佛處所,深種善根,為諸如來親手撫摩其頭,
以示器重。此人命終,為千佛授之以手,相予提攜,使他心不恐怖,不墮
惡趣,即往生兜率天上的彌勒菩薩之所,並在其中誕生,他有如是這樣的
功德利益。

【釋文】依於佛法而論,一切修行的極果,是為得大菩提,成就無上
的正等正覺,簡言之;就是回復本具有的一切光明、智慧與慈悲。以是,
在歷劫的流轉中,如何得能遇善知識,乃至往生善趣,以使自身先立於不
退轉之地,則是一切修行的根本所在。於是,不論是念佛、靜坐、誦讀經
典等,皆是在為此而準備著。然如世俗所言:「學如逆水行舟,不進則退」,
於修行過程中若能深信是仰仗諸佛菩薩的威神之力,不但可對治自身的傲
慢,更有助於前進的動力。

守護自我的智慧生命

「爾時,釋迦牟尼佛讚言:善哉!善哉!普賢,汝能護助是經,
令多所眾生,安樂利益,汝已成就不可思議功德,深大慈悲,從
久遠來,發阿耨多羅三藐三菩提意,而能作是神通之願,守護是
經。我當以神通力守護,能受持普賢菩薩名者。普賢!若有修習
法華經者,當知是人,則見釋迦牟尼佛,如從佛口聞此經典;當
知是人,供養釋迦牟尼佛;當知是人,佛讚善哉;當知是人,為

釋迦牟尼佛，手摩其頭；當知是人，為釋迦牟尼佛，衣之所覆。」

【語譯】此時，釋迦牟尼佛，稱讚普賢菩薩道：善哉！善哉！普賢，你能護助此經，廣行流布，使許多眾生，得到持經的安樂利益。這證明你已成就不可思議功德，深大慈悲，乃從久遠以來，發阿耨多羅三藐三菩提心，才能作如此的神通願力，來守護此經。我也應當以神通力，守護能夠受持普賢菩薩的名字者，使他得以勇銳精進。普賢！設若有人修習法華經者，你應當知道，此人等於見我釋迦牟尼佛，如從佛口聞此經典；當知此人，就是以法供養釋迦牟尼佛；當知此人，為佛所稱歎；當知此人，為佛以手撫摩其頭；當知此人，為佛以衣遮覆其體，以示愛重。

【釋文】佛門的「法身」，若以中文的意思，就是智慧的生命；經典就是佛的法身，以是凡能修習經典者，實然無異見佛，從佛口聞法，學人仍須透由經典以瞭解生命的真相。

 ## 自我少欲知足才能真實利他

「普賢！若如來滅後，後五百歲，若有人見受持、讀誦法華經者，應作是念：此人不久當詣道場，破諸魔眾，得阿耨多羅三藐三菩提，轉法輪，當坐天人大眾中，師子座上。普賢！若於後世，受持讀誦是經典者，是人不復貪著衣服、臥具、飲食、資生之物。所願不虛，亦於現世得其福報。若有供養讚歎之者，當於今世得現果報。是故普賢！若見受持是經典者，當起遠迎，當如敬佛。」

【語譯】普賢！若於如來滅後的五百歲，有人見受持讀誦法華經者，應當作此念道：此人於不久的將來，當往道場，破魔軍眾，證得無上正等菩提，為度眾生而轉大法輪，端坐在天人大眾會中的師子座上。普賢！若

於後世，有受持讀誦法華經者，此人少欲知足，就不再貪著：衣服、臥具、飲食等的資生之物。他凡有所願，都不虛發，不一定要到來生、後世，也有於現世就獲得福報。若有人供養讚歎持經人者，那他很快的就感得現世的福報。普賢！若見受持此經典者，應當起身遠迎，如敬佛然。

【釋文】為人之所以會貪得無厭，可以說就是無法對智慧生命生起信心，一旦能體悟：色身有限，然法身卻是無窮的，則其眼光與行事亦將有所不同。於是，對於現世的一切資生享受，會在見苦知福之下，而積極力行利他，如是的生命價值終將是不同凡響。

國家圖書館出版品預行編目(CIP) 資料

妙蓮華開的生活 / 胡順萍著. -- 初版. -- 臺北
市：元華文創, 民108.01
面； 公分

ISBN 978-957-711-051-0 (平裝)

1.法華部

221.51   107022069

妙蓮華開的生活

胡順萍 著

發 行 人：陳文鋒
出 版 者：元華文創股份有限公司
聯絡地址：100 臺北市中正區重慶南路二段 51 號 5 樓
電　　話：(02) 2351-1607
傳　　真：(02) 2351-1549
網　　址：www.eculture.com.tw
E - m a i l：service@eculture.com.tw
出版年月：2019 年 01 月 初版
定　　價：新臺幣 380 元

ISBN：978-957-711-051-0 (平裝)

總 經 銷：易可數位行銷股份有限公司
地　　址：231 新北市新店區寶橋路 235 巷 6 弄 3 號 5 樓
電　　話：(02) 8911-0825　　傳　　真：(02) 8911-0801